Tauchplätze in der Ostsee

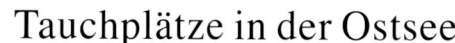

Die Deutsche Bibliothek - CIP-Einheitsaufnahme

Wilhelmy, Jörg:
Tauchplätze in der Ostsee : Flensburger Förde bis Lübecker
Bucht / Jörg Wilhelmy. [Hrsg.: Felicitas Hübner]. - Hamburg :
Jahr, 1966
  (Ein Buch der Zeitschrift Tauchen)
  ISBN 3-86132-187-4
NE: HST

Jahr-Verlag Hamburg GmbH & Co.
Jessenstr. 1, D-22767 Hamburg
Telefon 040 / 38 906 0, Telefax 040 / 38 906 302

Redaktion, Layout und Satz: Felicitas Hübner, Waldeck
Titelgestaltung: Peter Hübner, Waldeck
Litho: Omnia Scanners, Milano
Druck: Interlitho, Milano

ISBN 3-86132-187-4

Jörg Wilhelmy

Tauchplätze in der Ostsee

Flensburger Förde bis Lübecker Bucht

Herausgegeben von Felicitas Hübner

Ein Buch der Zeitschrift *tauchen*

Jahr-Verlag Hamburg

*Dieses Buch widme ich
meiner nichttauchenden Ehefrau Regina,
die viel Verständnis für mein Hobby aufbringt,
und meinem Sohn Lars, der mittlerweile
meine Leidenschaft teilt.*

Mein besonderer Dank gilt –

*meinen Tauchfreunden vom Tauchclub
„Kieler Förde", die mir immer mit Rat und
Tat zur Seite standen und von deren
Erfahrung ich profitieren konnte.*

*Lars, Michael, Jörg, Hauke und Gerhard,
die mir in vielen Tauchgängen die
schönen Seiten der Ostsee zeigten.*

*– meinen Berufskollegen Walter Tahal,
dessen Flugleidenschaft mir die Luftaufnahmen
ermöglichte, und Eberhard Schmiel vom
NDR-Tauchteam, der mir den Weg zu
vielen anderen Ostsee-Tauchern ebnete.*

Inhalt

Vom Brandtaucher zum Sporttaucher

Lange bevor der Begriff „Sporttauchen" überhaupt erfunden war, beschäftigten sich die Schleswig Holsteiner schon mit dem Tauchen. Genauer gesagt war es ein bayerischer Unteroffizier „II. Classe" namens Wilhelm Sebastian Bauer, der bereits um 1850 die Idee für ein von ihm entworfenes Unterseeboot, den „Brandtaucher", entwickelte. Damit, so erläuterte er einer den Kopf schüttelnden preußischen Marineführung, wollte er unter Wasser ungesehen an feindliche Ziele heranschwimmen, um diese dann in die Luft zu sprengen.

Es bedurfte schon einiger Überzeugungsarbeit, bis eine Sammlung etwa 3000 Courant (heute ca. 43.500 Mark) für das seinerzeit wirklich umwälzende Vorhaben erbrachte. Was dann allerdings dabei herauskam, entsprach keineswegs mehr den Berechnungen seines genialen Erfinders. Statt der zunächst geforderten 12 mm hatten die zusammengenieteten Eisenplatten der Bordwände nur noch eine Stärke von sechs. Auch an der technischen Ausrüstung hatte man immer wieder Abstriche gemacht. Das Ergebnis war dennoch ein Fahrzeug von 7,9 m Länge, 2 m Breite und 3,5 m Höhe. Sein größtes Manko war, daß das Ballastwasser frei in das Fahrzeug lief. Um es zu lenzen, waren zwei Handpumpen installiert.

Trotzdem wagten Bauer und zwei Kameraden im Februar 1851 einen ersten Tauchgang im Kieler Hafen. Wie er ablief, dokumentierte der Berichterstatter des „Itzehoer Wochenblatts" am 5. Februar 1851 für die geneigte Leserschaft mit folgenden Worten:

„Es wird unseren Lesern nicht unbekannt sein, daß in Kiel ein Tauchschiff erbaut wurde, dessen Bestimmung es war, sich feindlichen Schiffen unter dem Wasser zu nähern, eine Petarde daran zu befestigen

Modell des „Brandtauchers" von Marx. Aus: Herold, Klaus: „Der Kieler Brandtaucher", Bernard & Graefe Verlag Bonn.

und selbige aus einiger Entfernung durch eine galvanische Batterie zu entzünden. Die Idee dazu ward von dem Erfinder, Unterofficier Bauer, früher in Bairischen Diensten, im Jahre 1848 gefaßt, als er mit dem damaligen Reichsheere im Sundewith lag und sich darüber ärgerte, daß die Dänischen Schiffe unangefochten und ungestraft die Deutsche Landmacht verhöhnen durften. Nachdem er in den Dienst der Herzogtümer übergetreten, construirte er, während es in Neustadt lag, auf eigene Hand Modelle, eine höheren Orts niedergesetzte Commission prüfte die Idee, fand sie ausführbar, und es ward in der Armee eine Subscription zur Deckung der nicht unerheblichen Kosten eröffnet. Darauf ging der Bau in Schweffel's und Houwald's Maschinenfabrik in Kiel vor sich.

Die erste Probe mißglückte: das circa 70.000 Pfund schwere Schiff sank und konnte nur mit großen Mühen wieder gehoben werden.

Nachdem es reparirt, erfolgte am 1sten Febr. ein neuer Versuch. Der Erfinder Bauer begab sich mit 2 Freiwilligen von der Marine in das Taucherschiff, ließ es wiederholt sinken und brachte es nach einiger Zeit, während welcher es unter dem Wasser manövrirte, glücklich wieder in die Höhe. Um 10 Uhr vormittags sollte das Schiff noch einmal, und zwar bei größerer Tiefe, sinken. Dies hatte die traurige Folge, daß der Wasserdruck für das Schiff zu stark ward, die Seitenwände gaben nach, wodurch Luft entwich und Wasser eindrang, während zugleich die Pumpen, welche Wasser einlassen und entfernen, wodurch das Steigen und Sinken regulirt wird, unklar wurden.

Sobald man sich von der gefährlichen Lage der kühnen Taucher überzeugt hatte, wurden 2 Kanonenböte hinausgelegt, um das Schiff zu heben, zu welchem Zwecke Taue niedergelassen wurden. Man hörte die Taucher stundenlang arbeiten, um die Taue zu befestigen, doch wollte es nicht gelingen. Endlich, um 3 Uhr Nachmittags, zeigten sich mächtige Luftblasen im Wasser, und darin stiegen die Taucher zur

Oberfläche empor. Sie hatten in einem ganz schmalen Raume, bis an die Brust im Wasser und von da an in fest zusammengedrückter Luft stehend, unter den größten Beschwerden gearbeitet, so daß sie in Schweiß gebadet wurden. Dabei stellten sich Uebelkeiten ein. Endlich gelang es ihnen, als sie fast schon an der Rettung verzweifelten, einige Schrauben zu einer engen Klappe zu öffnen, worauf der Luftdruck das Uebrige that. Sie stellten sich gerade unter die Luke, als dieselbe nachgab, und flogen wie Champagnerkorken in die Höhe. Leider stieß sich der Eine der Freiwilligen an dem einen Kanonenboote, wodurch er nicht unerheblich verletzt wurde. Der Andere, sowie Bauer, sind ganz wohl davonge-

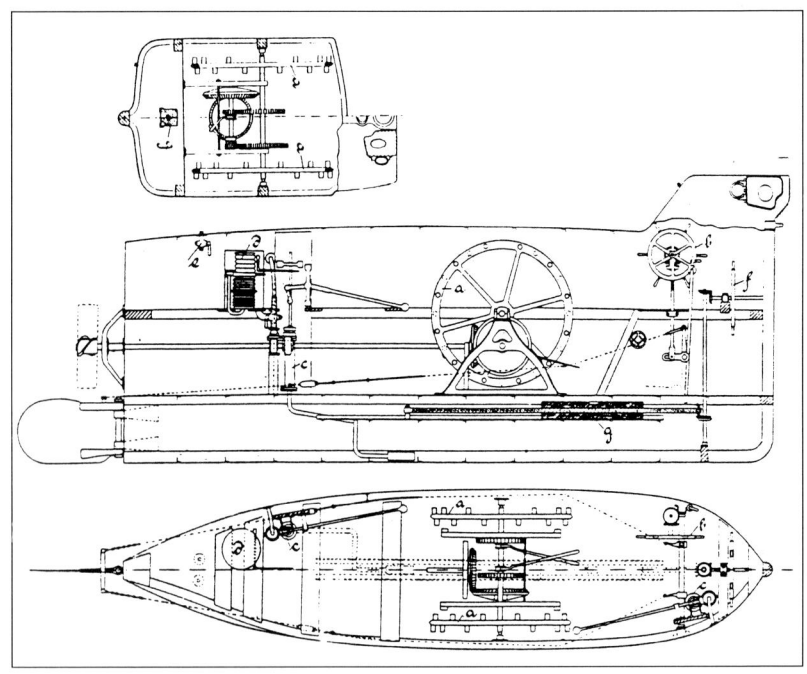

Wilhelm Bauers Brandtaucher, Kiel 1850/51. Nach Busley. Aus: Herold, Klaus: „Der Kieler Brandtaucher", Bernard & Graefe Verlag Bonn.

*kommen. Man muß es erwarten, ob die bei dieser Ge-
legenheit kennen gelernten neuen Schwierigkeiten
sich beseitigen lassen werden."*

Bauers größter Fehler war wohl, wie hätte er es
auch wissen können, daß ein Boot unter Wasser anderen Gesetzen gehorcht und sehr von seiner Stabi-
lität verliert. Den physikalischen Gesetzen folgend,
sammelte sich das Ballastwasser im Boot an der tief-
sten Stelle und verschob damit auch die zunächst
austarierte Lage. Als der Brandtaucher achtern zu
sinken begann, war auch mit dem Verschieben der
Gewichte nichts mehr zu retten. Die Lenzpumpen la-
gen trocken. Innerhalb von nur Minuten sank der
Brandtaucher auf den Grund der Kieler Förde in eine
Tiefe von damals unvorstellbaren „30 Fuß", das sind
rund 8,6 m.

Unrühmlich endete also der erste Tauchgang an
der Schleswig Holsteinischen Küste. Dennoch kann
dieser Tauchgang sich einer Besonderheit rühmen:
Bauer und seine Besatzung praktizierten den ersten
überlieferten freien Aufstieg aus einem havarierten
Tauchfahrzeug. 1887 wurde der Brandtaucher zufäl-
lig entdeckt und geborgen. Heute steht er, restauriert
im einstigen VEB Schiffswerft „Neptun" in Rostock,
im Armeemuseum in Dresden.

Zur Ehrenrettung Bauers muß aber noch gesagt
werden, daß sein Brandtaucher nach späteren Berechnungen voll funktionstüchtig gewesen wäre, hätte
man ihn nach den ursprünglichen Plänen seines Kon-
strukteurs gebaut.

Abgeschreckt hat er die Kieler dennoch nicht von
dem Wunsch, in die Tiefe zu gehen. Auch heute noch
werden in der Kieler Förde U-Boote gebaut. Von
ihnen soll aber nun nicht mehr die Rede sein – vielmehr von jenen Sporttauchern, die heute dort einset-
zen, wo Wilhelm Bauer damals aufgeben mußte: in
einer Tiefe, die typisch ist für den gesamten Bereich
der Ostseeküste Schleswig Holsteins.

Schleswig Holstein ist sicherlich nicht das „ideale" Tauchrevier – denkt man an blaue Lagunen, warmes Wasser und nahezu endlose Sicht. In der Tat fällt die Verarmung der Tierwelt auf dem Sandgrund wesentlich stärker auf als in anderen Biotopen. Doch jede Wüste hat auch Oasen. „Ideal" ist die Ostsee dagegen für den Anfänger, der vor allem Erfahrungen sammeln möchte. Zu sehen gibt es – wenn man sich ein wenig Zeit nimmt und danach sucht – jedenfalls viel. Dabei muß man noch nicht einmal tief tauchen. Vieles spielt sich in Tiefen bis 15 m ab. Und in dieser Tiefe ist die Ostsee gar nicht so dunkel und undurchdringbar, wie sie auf den ersten Blick hin erscheint. Sichtweiten von 5 m und mehr an guten Tagen im Frühjahr und Herbst sind keine Seltenheit. Im Sommer kann man allerdings wegen der Algen- und Planktonblüte schon mal weniger als 1 m haben – dann rät es sich, den Tauchplatz zu wechseln. Schon wenige Kilometer weiter und ein paar Meter tiefer wegen der Sprungschichten kann die Sicht bedeutend besser sein.

Noch ein Wort zu den Wassertemperaturen. So warm wie das Mittelmeer wird die Ostsee nie – von einigen Uferbereichen mal abgesehen, in denen das Wasser im Hochsommer durchaus 20 °C haben kann. Mit einem halbtrockenen Anzug lassen sich aber Temperaturen ab 10 °C noch bestens meistern. Das heißt, die Ostsee bietet sich schon ab Ende April bis praktisch Ende Oktober/Mitte November für einen Tauchausflug an, besonders wenn man das Tauchen mit einem Besuch der zahlreichen Sehenswürdigkeiten verbindet. Entlang der Küste befinden sich (kleine) Tauchbasen, wo man seine Flaschen auffüllen oder sogar welche leihen kann. Die meisten Tauchreviere sind von Kiel aus schon in gut einer Stunde Autofahrt zu erreichen.

Und noch eine Besonderheit sollte man beim Thema Tauchen in der Ostsee nennen. Mehr als 4000 Schiffswracks oder Wrackreste liegen auf dem Grund von Nord- und Ostsee. Einige der schönsten Wracks sind dabei in den küstennahen Gewässern zwischen der Flensburger Förde und der Lübecker Bucht zu finden. Kleinere Fischkutter und größere Yachten blieben meist dort liegen, wo sie auf Grund gelaufen oder untergegangen sind, denn auch die Versicherungen haben oft kein Interesse daran, sich noch mehr Kosten als notwendig aufzuhalsen. Oft lohnt sich ihre Bergung nämlich nicht, also läßt man sie vielfach dort, wo sie sind. Wenn diese Wracks ein Hindernis darstellen, werden sie allerdings von den Behörden entweder geborgen oder gesprengt. Auch hier sprechen wir wieder über Tiefen bis um 20 m.

Überall entlang der Küste finden sich noch immer einige relativ gut erhaltene kleinere Wracks meist in Strandnähe, die längst von Muscheln und Algen erobert und so zu einem Lebensraum für allerlei Getier geworden sind. Gerade diese Wracks – darunter auch noch einige aus dem 2. Weltkrieg – warten immer darauf, „entdeckt" zu werden. Ein Tauchgang zu einem untergegangenen 10 m langen Fischkutter, den das Licht der Sonne in 7 m oder 8 m Tiefe gerade noch erreicht, kann so zu einem Erlebnis werden. Wenn man bereit ist – und das gilt für alle Tauchgänge in der Ostsee –, seine Erwartungen nicht zu hoch zu schrauben. Die Vielfalt ist sicherlich da, wenn auch etwas kleiner und bescheidener als in südlichen Gefilden. Der Reiz der Ostsee offenbart sich für den geduldigen Taucher mit einem Sinn für das Detail oft erst auf den zweiten Blick. Statt einem Zackenbarsch schaut man hier eben einem Dorsch „tief" ins Auge.

Die Karten wurden erstellt von

Navigationssysteme
Elektronische Seekarten

Ansprechpartner: Dipl. Ing. Erik Volmar
Büro Kiel   Tel.: 0431-245640
                   Fax: 0431-243237

Alle Karten sind maßstabsgerechte Mercator-Projektionen und zur Orientierung entsprechend im Gitternetz positioniert. Die Karten berücksichtigen bereits in ihren Wrack- und Tonnenpositionen aktuelle Korrekturen zu den Seekarten in Richtung, Entfernung und Position. Winkel und Gradzahlen lassen sich auch auf den Karten im Buch nachmessen.

Alle Karten sind auf WGS84 umgestellt, passend zum Gebrauch von GPS-Geräten, so daß keine Umrechnungen mehr notwendig sind. Farbig abgesetzt ist der Bereich bis zu einer Tiefe von 5 m. Die Karten wurden für den Computergebrauch entwickelt.

Flensburger Förde

Vom Flensburger Museumshafen mit den liebevoll restaurierten Seglern blickt man über die Förde auf die Stadt.

Wir beginnen unseren Tauchausflug in der nördlichsten Stadt Schleswig Holsteins, in Flensburg. Die Flensburger Förde bietet einige durchaus interessante Tauchreviere, die problemlos auch von der dänischen Seite aus betaucht werden können.

Weite Bereiche der landschaftlich schönen Förde aber sind ökologisch belastet. Besonders Sauerstoffmangel hat vielerorts das marine Leben stark beeinträchtigt. Schwefelbakterien und Überdüngung haben der Förde zugesetzt. Zurückgeblieben ist eine schwarze „Faulschlammwüste". Andererseits bemüht sich seit Jahren – mit zunehmendem Erfolg – der *Verein Ostseesanierung* in Zusammenarbeit mit der *Tauchsportgemeinschaft Flensburg*, mit Hilfe von künstlichen Riffen neues Leben anzusiedeln.

Unsere erste Station ist die Bucht beim Strandbad Solitüde.

Die Landzunge von Solitüde mit dem Anleger.

Tauchgebiet *Solitüde*

Anfahrt   Von Flensburg aus fährt man auf der Fördestraße in Richtung Glücksburg. Kurz vor dem Ortsteil Meierwik biegt man nach links in die Straße Solitüde ein. An der Kreuzung steht ein Schild mit Hinweis auf das Strandbad.

In Höhe des Restaurants gibt es einen öffentlichen Parkplatz. Hier kann man sich umziehen, und es sind nur etwa 300 m hinunter zum Strand.

Direkt am Strand liegt auch das Klubhaus des *Unterwasserclub Baltic*. Ganz durchfahren zum Strand kann und sollte man nicht, auch wenn die Sperre einmal offen ist. Die Polizei kontrolliert regelmäßig, und Ausnahmen werden nicht geduldet.

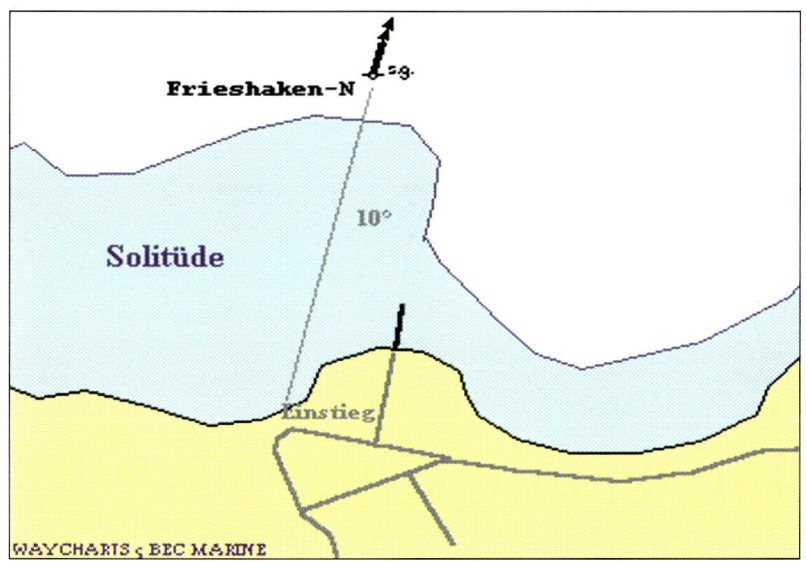

Sehr lohnend ist ein Tauchgang hier aber nicht mehr, sagen selbst Mitglieder des Tauchclubs. Außer ein paar Muschelfeldern links vom Anleger gibt es wenig zu sehen. Ab 6 m Tiefe ist die Ostsee hier nach außen hin „tot".

Allerdings kommt bei entsprechendem Lichteinfall manchmal eine Art Endzeitstimmung unter Wasser auf. Auch diese kann ganz reizvoll sein.

Der *Unterwasserclub Baltic* bevorzugt das Tauchgebiet Quellental.

Vom Parkplatz aus auf der linken Bildseite taucht man entlang der Außen-mole des Yachthafens in die Förde hinein in Richtung auf die Tonnen.

Tauchgebiet *Quellental*

Anfahrt   Wenige Kilometer weiter entlang der Hauptstraße Richtung Glücksburg, kurz nachdem die Fördestraße in die Uferstraße übergegangen ist und einen Knick nach rechts macht, liegt linker Hand der Parkplatz Quellental an einem Yachthafen. Von hier aus sind es nur noch knapp 150 m bis zum Strand.

Einstieg   Getaucht wird eben außerhalb des Yachthafens. Man kann direkt vom Parkplatz aus ins Wasser gehen. Zunächst fällt der Strand sehr flach ab. Dann kommt eine Art Kante mit einer Schräge von etwa 45°, die sehr schnell auf 10 m führt.

Flora und Fauna   Die Schräge ist dicht mit Muscheln bewachsen. Im Sommer sieht man häufiger Seesterne und Seehasen.

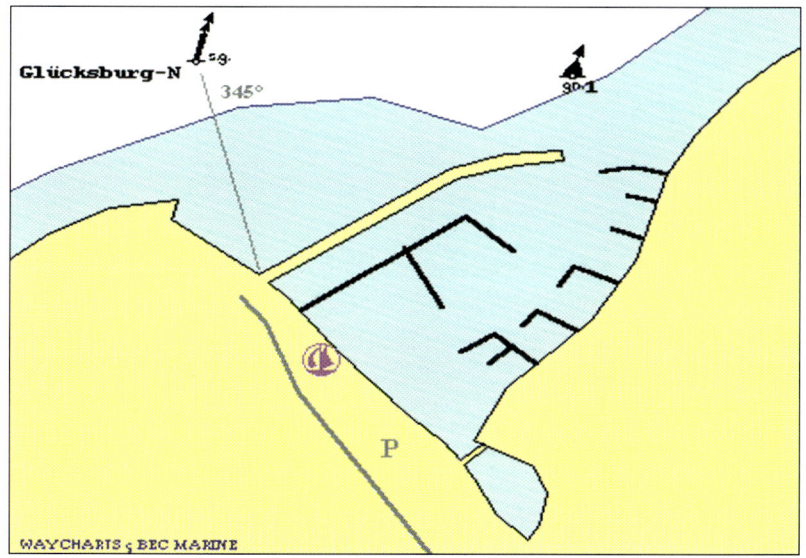

Im Sandgrund buddeln sich gerne Plattfische ein, und zwischen den Steinen an der Außenmole des Hafens halten sich viele Jungfische auf.

Tiefe   Der Platz wird gern von Flensburgern für Tauchausbildungszwecke genutzt, denn die maximale Tiefe liegt hier bei 17 m. Im Sommer zeigt eine Tonne die Außenkante der Fahrrinne an.

Auf dem Grund soll auch noch eine alte Seetonne liegen, die man betauchen kann. Sie ist allerdings nicht leicht zu finden. Viel zu sehen ist wegen des schwarzen, schlammigen Untergrunds ab 10 m nicht.

Das Tauchgebiet liegt zwischen den Ochseninseln und dem Steg im Hintergrund. Getaucht werden kann auch zu den Muschelbänken rechts und links von den Inseln.

Tauchgebiet *Ochseninsel*

Anfahrt   Über den Grenzübergang Krusau bei Flensburg fährt man rechts ab in Richtung Sønderborg (B 8). Nach ca. 500 m geht es rechts ab nach Kollund und Sønderhav (Fjordvejen).

Gegenüber der dänischen Ortschaft Sønderhav liegen die beiden kleinen Ochseninseln. Nur einige wenige 100 m liegen zwischen dem Festland und den Inseln. Direkt am Strand von Sønderhav gibt es gegenüber dem Hotel Fjørdens Perle einen Parkplatz (Toilette) mit einem kleinen offenen Bushäuschen, das Taucher bei entsprechender Wetterlage gerne als windgeschützte Umkleidekabine benutzen. Solange man dabei niemanden stört und sich auch nicht zu breit macht, wird dies hingenommen. Die Dänen sind sehr tolerant und freundlich gegenüber ihren Gästen.

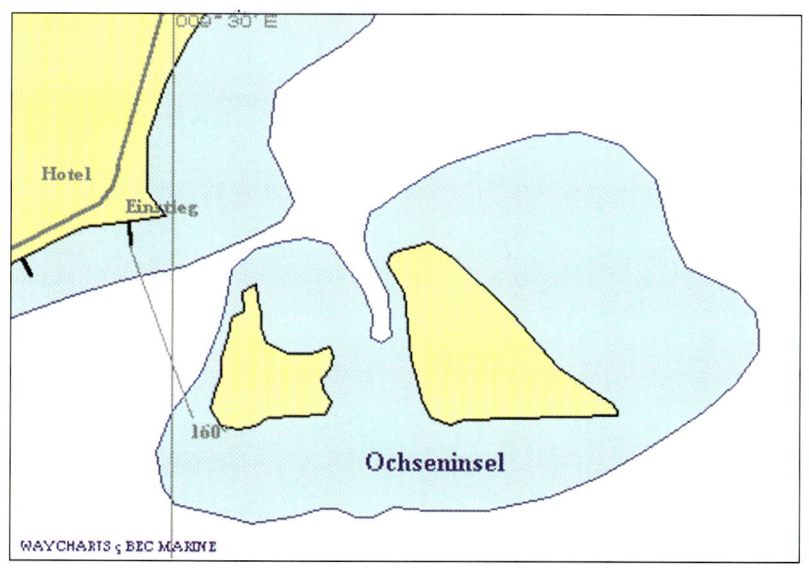

Direkt am Parkplatz steht ein kleiner Imbiß auf der gegenüberliegenden Straßenseite. Flensburger Taucher schwören, daß hier die besten dänischen Hot Dogs im ganzen Königreich serviert werden. Vom Strand aus kann man sich den Spaß machen, in bis zu 10 m Tiefe zur Insel zu tauchen.

Flora und Fauna   Etwas östlich der großen Ochseninsel liegt eine biologisch noch intakte Miesmuschelbank. Sie ist etwa 150 m lang. Krabben und kleine Krebse tummeln sich hier zwischen den Muscheln. Weiter südlich findet man schön bewachsene große Steine.

Hier sollen zum Kriegsende auch mehrere U-Boote von ihren Mannschaften versenkt worden sein. Ob sie noch dort sind, darüber streitet man sich noch. Taucher haben zwar das Gebiet wiederholt abgesucht, doch fündig geworden sind sie nicht.

Von der Landspitze von Holnis-Haken auf der linken Seite des Bildes er-streckt sich ein ausgedehnter Flachwasserbereich bis zur roten Tonne 4 mit der Abbruchkante.

Tauchgebiet *Holnis-Haken*

Warum der Tauchplatz bei Holnis-Haken den Namen „Schwiegermutter" hat, läßt sich nicht ergründen.

Anfahrt Zu erreichen ist Holnis über die Landstraße von Glücksburg aus. Im Ort selbst geht es nach rechts über die „Salzwiese" und einen kleinen Weg zum Haken.

Einstieg Geschätzt wird der Platz auf Grund einer einzigen Besonderheit. Getaucht wird meist mit dem Rücken zum Haken in Richtung auf die Fahrwassertonne Nr. 4 und die Ostsee hinaus. Vom Strand aus „watet" man zunächst durch das nicht einmal 1 m tiefe Wasser. Dann allerdings kommt die Überraschung.

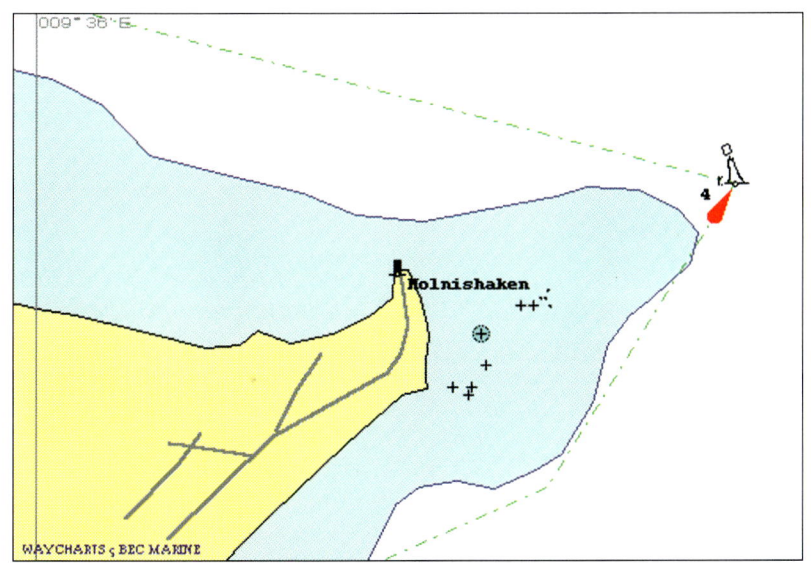

Urplötzlich gibt es einen „Drop-Off", der den Taucher am Rande des Seeweges ohne Warnung von 1,5
auf 20 m fallen läßt. Wenn man an der Abbruchkante
steht, tut sich vor einem nur noch ein drohend wir-
kendes schwarzes „Loch" auf.

Sicherheits-   Hinzu kommt eine manchmal nicht unerhebliche
hinweis   Strömung bei ablandigem Wind in Richtung auf die
                     freie Ostsee. Deshalb sollte man zur eigenen Sicher-
                     heit ein Schlauchboot dabei haben.

Flora und   Am Fuß des Abhangs liegt ein interessantes Geröll-
Fauna   feld aus der Endmoränenzeit. Im Strömungsbereich
                     findet man erstaunlich große Seenelken. Das Gebiet
                     um die „Schwiegermutter" ist kürzlich zu einem Na-
                     turschutzgebiet mit Badeverbot erklärt worden.

Vor dem Kro am Strand von Brunsnæs der Parkplatz mit dem Steg.

Erwähnenswert sind noch zwei weitere Tauchgebiete auf der dänischen Seite der Förde. Das erste ist Brunsnæs mit dem *Institut für Marine Biologie.*

Tauchgebiet *Brunsnæs*

Anfahrt Von Krusau aus fährt man weiter über die B 8 in Richtung Sønderborg. 10 km vor Sønderborg biegt man an der „Q8"-Tankstelle rechts ab in die Ortschaft Broager ein. Ein Schild „Centrum" führt direkt in den Ort immer der Hauptstraße entlang. Gleich hinter dem Ort weist ein Schild nach Brunsnæs 4 km. Folgt man der kleinen Straße, kommt man über die Ortschaften Mølmark und Iller nach Brunsnæs. Der Ort selbst ist wenig mehr als eine Ansammlung von kleinen Ferienhäusern hinter einem Kro, also einem Dorfgasthaus, direkt am Strandparkplatz.

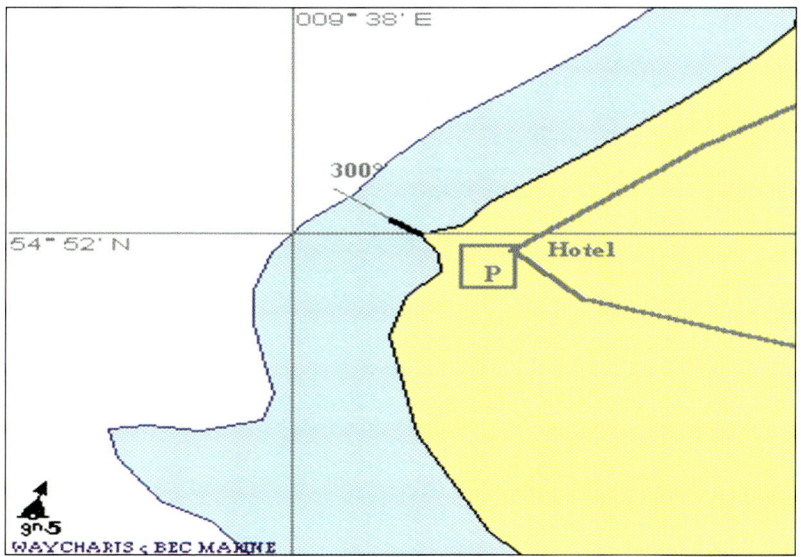

Unterkunft   Im Gasthof kann man übernachten oder sich nach der Erlaubnis zum Übernachten mit einem Camper oder Wohnmobil auf dem Parkplatz erkundigen und einen Stromanschluß bestellen. Im Ort werden auch die kleinen Ferienhütten vermietet.

Flora und Fauna   Rechtwinklig vom Steg aus in etwa 9 m Tiefe (ca. 120°) stößt man auf einige abgebrochene Stellnetzpfähle. Hier gibt es einen sehr interessanten Übergang vom typischen Flachwasseraufwuchs über Seegraswiesen zu den Muschelbänken und Weichböden.

Seminare   Im rechten Gebäudeteil des Brunsnæs Kro ist das *Institut für Marine Biologie* ansässig, eine private und unabhängige Forschungs- und Lehreinrichtung von Dr. Claus Valentin, einem Meeresbiologen und ehemaligen Mitarbeiter am Zoologischen Institut der Christian Albrechts Universität in Kiel. Sein Institut

Im rechten Gebäudeteil des Brunsnaes Kro befindet sich die Tauchbasis.

hat sich zum Ziel gesetzt, Biologiestudenten und interessierten Tauchern erste Einblicke in die Meeresbiologie zu ermöglichen. An der meeresbiologischen Feldstation werden spezielle Kurse für Sporttaucher und Laien angeboten.

Ausfahrten   Das Institut verfügt über eigene Kutter für Ausfahrten und umfangreiches Probe- und Analysegerät. Von der Station aus werden sowohl Landtauchgänge

Das Institut für Marine Biologie bietet Ausfahrten auf eigenen Booten an.

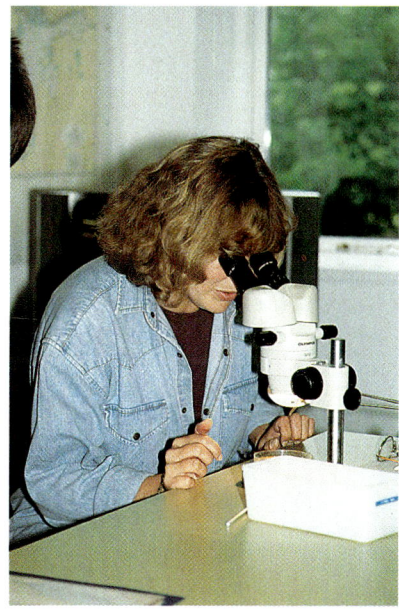

Claus Valentin mit dem soeben eingeholten Planktonnetz.

Arbeit mit dem binokularen Mikroskop im Rahmen eines meeresbiologischen Seminars für Sporttaucher.

als auch Bootstauchgänge zu speziellen Vegetationsfeldern durchgeführt, die typisch sind für den Ostseeraum.

Während der Wochenendpraktika können Sporttaucher einen Einblick in die Meeresbiologie, die Lebensprinzipien einzelner Meerestiere sowie die Umweltproblematik dieses Lebensraumes gewinnen. Es wird nach VDTL geschult.

Geschäftsadresse:
Institut für Marine Biologie   Tel./Fax: 0461-25413
Turnierstraße 5
24939 Flensburg

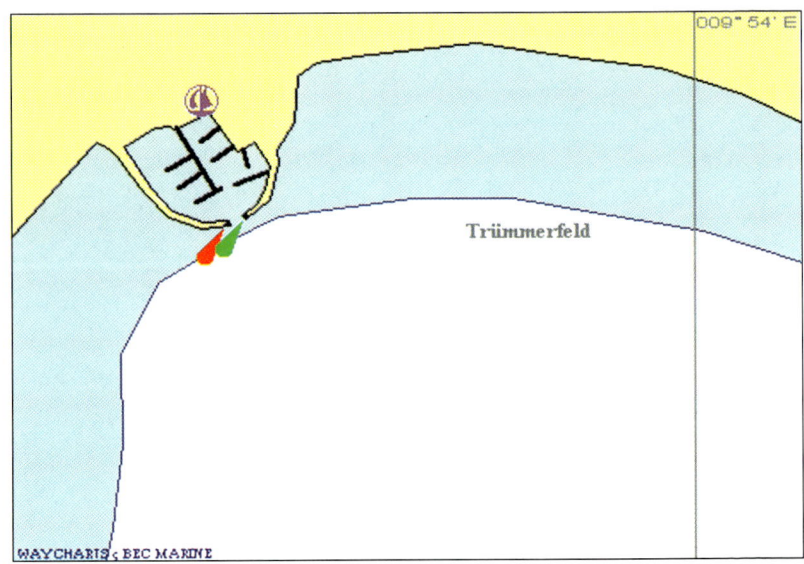

Tauchgebiet *Hørup Hav*

Östlich von Sønderborg liegt Hørup Hav am Ausgang der Flensburger Förde. Hier lohnt sich östlich
des kleinen Seglerhafens ein Tauchgang entlang der
Betonmauer. Rechtwinklig dazu liegt ein gespreng-
tes Trümmerfeld in einer Tiefe zwischen 4 und 15 m.
Überhaupt findet man in der Bucht vor dem Hafen
allerlei „Kriegsschrott", der hier nach dem Krieg entsorgt wurde.

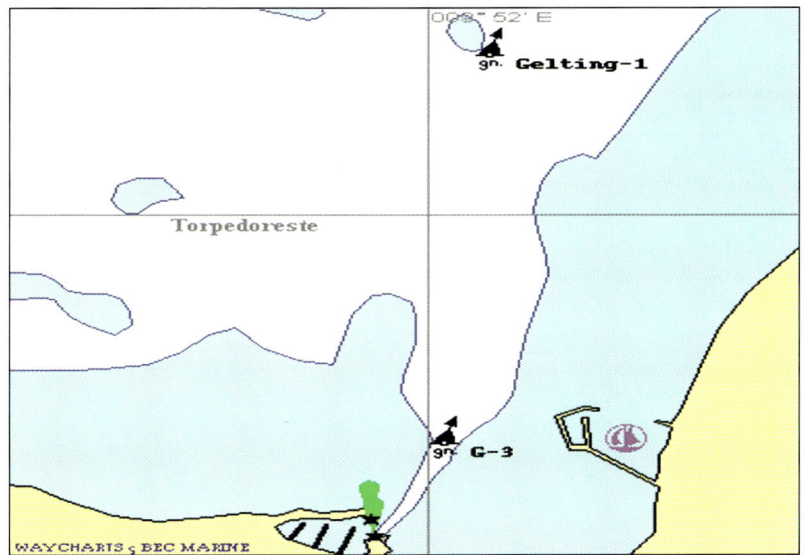

Im östlichen Teil der Flensburger Förde liegt die Geltinger Bucht.

Tauchgebiet *Steinberg Haff*

Anfahrt Entdeckungslustigen Tauchern empfiehlt sich das Steinberg Haff beim Ort Habernis. Ihn erreicht man, von Norden kommend, über die B 199 in Richtung Kappeln und biegt dann hinter Steinbergkirche nach links ab. Unweit des Strandes liegen in einer Tiefe zwischen 8 m und 10 m sechs Torpedoreste auf dem Grund. Gut 20 Minuten Schwimmen, bzw. Schnorcheln muß man allerdings schon, um die rund 600 m zurückzulegen.

Wer die Torpedos nicht findet, muß sich mit einigen Seegraswiesen trösten. Gerade sie sind biologisch sehr interessant. Sie wechseln sich mit weiten Sandflächen mit bewachsenen Steinen ab.

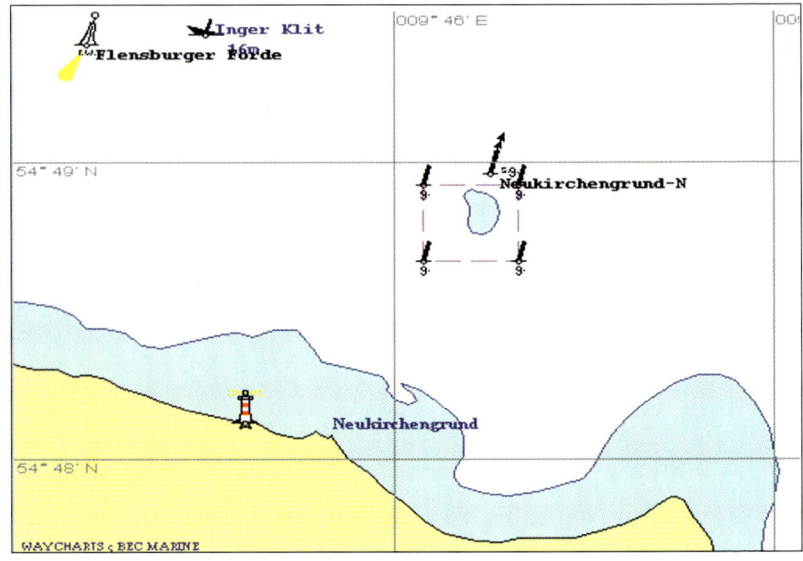

Tauchgebiet *Neukirchengrund*

Anfahrt Damit kommen wir zu der eigentlichen „Attraktion"
der Flensburger Förde: Das künstliche Riff des *Vereins für Ostseesanierung* auf dem Neukirchengrund
unweit des Ortes Langballigau. Das Gebiet liegt rund
2,5 Seemeilen von Langballigau entfernt.

Vom Strand an der Alten Schleuse in Habernis aus
beim Campingplatz ist das Revier in nördlicher Richtung als Untiefe zu erkennen und durch 5 gelbe Tonnen markiert. Neukirchengrund ist ein Warn- und
Sperrgebiet.

Besondere Anfang der 90ziger Jahre hat sich der um die Förde
Merkmale besorgte Verein mit Tauchern zusammengetan und
versucht, hier ein künstliches Riff aus Autoreifen
und ehemaligen Austernzuchtkörben anzulegen. Die
Reifen wurden nicht einfach ins Wasser geworfen,

Miteinander verbundene Gitter und Reifen bildeten 1994 den Anfang für ein künstliches Riff, an dem sich Muscheln wieder ansiedeln sollen.

sondern gezielt auf dem Grund so verankert, daß sich das Riff wie eine kleine Insel aus der Tiefe erhebt. Nach gut drei Jahren freiwilliger Arbeit vieler Helfer zeigen sich nach Angaben des Vereins nun die ersten Erfolge.

Flora und Fauna Am Riff entstand zaghaft neues Leben in Form einer Miesmuschelbank. Jede dieser für das Ökosystem so wichtigen Muscheln filtert am Tag etwa 50 Liter Wasser und befreit andere Bewohner von den sauerstoffverzehrenden Algen. So entwickelte sich gleichzeitig ein neues Tauchrevier an der Flensburger Außenförde. Neu installiert wurde jetzt ein Netzsystem aus der Muschelzucht. Diese sogenannten Laternennetze sehen aus wie Reusen, die auf dem Kopf stehen. Sie haben allerdings keine Öffnung, um Fische zu fangen. Die Netze sind am Boden verankert und werden durch einen Schwimmkörper wie ein im Wasser

Der Verein stellt auch ein Boot zur Verfügung, mit dem man die angelegten Riffe unter fachkundiger Anleitung betauchen kann.

stehender Baum rund 3 m unter der Wasseroberfläche gehalten – wenn sie nicht bei Sturm vertrieben werden. Der Verein hofft, daß sich nun die Muscheln an dem Geäst festsetzen werden. Interessant ist dabei, in welcher Tiefe sich die Muscheln ansetzen, um daraus Schlüsse auf die Schad- und Nährstoffe zu ziehen.

Der *Verein Ostseesanierung* und die *Tauchsportgemeinschaft Flensburg* haben deshalb ein waches Auge auf das Revier. „Wildes" Tauchen wird dort nicht toleriert. Interessierte Taucher sind aber herzlich eingeladen, mit der Tauchsportgemeinschaft Kontakt aufzunehmen.

Service

Einzelpersonen oder Gruppen können jederzeit nach Absprache dort tauchen. Der Verein stellt dann auch einen Führer und bereitet die Taucher mit entsprechenden Informationen auf das vor, was dort unten wo zu sehen ist.

Sollten sich darüber hinaus „Umwelttaucher" für das Projekt interessieren, die mithelfen wollen bei der Riffarbeit, beim Fotografieren oder Katalogisieren, sind sie immer willkommen. Bei entsprechender Absprache kann ein Boot gestellt werden.

Die Tauchsportgemeinschaft betreibt eine eigene Füllstation in Langballigau. Da die Station nur unregelmäßig besetzt ist, sollte man vorher immer eine Absprache treffen.

Adresse   Verein Ostseesanierung
Tauchsportgemeinschaft Flensburg
Jörg Streichhahn   Tel.:   0461-432 04 oder
Stephan Thomsen   Tel.:   0461-253 10
Drosselweg 4
24939 Flensburg

Mit dem mit einer Videokamera ausgestatteten Tauchroboter werden Bestandsaufnahmen gemacht.

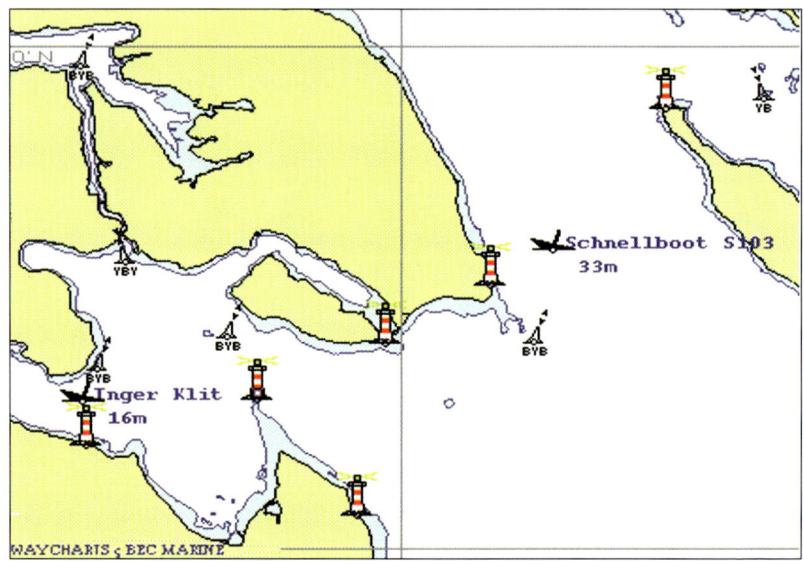

Wrack   Eines der schönsten Wracks in der Ostsee ist das am
14. Februar 1980 in der Flensburger Förde untergegangene dänische Küstenmotorschiff *Inger Klit*.

Dichter Nebel lag an jenem Donnerstagabend über
der Förde. Die 185 BRT große *Inger Klit* hatte in
Flensburg Ladung genommen und befand sich auf
auslaufendem Kurs, als sie gegen 21 Uhr 30 in Höhe
der Tonne 8 des Flensburg-Kiel-Weges mit dem ein-
laufenden deutschen Motorschiff *Lina van Bargen*
kollidierte. Menschen kamen bei dem Unfall nicht zu
Schaden.

Die mit Schrott beladene *Inger Klit* sank – was
selten ist – auf ebenem Kiel. Das Wrack liegt auf einer direkten Linie zwischen den Orten Kragesand
und Neukirchen rund 700 m östlich der Fahrwassertonne auf Position N 54° 49. 47' / E 09° 45.09'. Mit
dem Schlauchboot ist das Wrack am einfachsten von

Neukirchen oder Langballig aus in einer etwa 20 minütigen Fahrt zu erreichen. Das Wrack wird aber auch von Tauchfahrtenanbietern von Sønderborg, Mommark, Damp oder Maasholm aus angefahren.

Sicherheits-hinweis
Da die Fahrrinne in unmittelbare Nähe des Wracks vorbeiläuft, sollte das Tauchboot immer ordnungsgemäß mit der Taucherflagge gekennzeichnet sein. Zudem muß immer eine Bordwache zurückbleiben. Die Wasserschutzpolizei achtet hier genau darauf. Starke Schraubengeräusche der in der Nähe vorbeifahrenden Schiffe muß man in Kauf nehmen.

So vielversprechend das Wrack ist, noch ein Wort zur Warnung: Die Flensburger Förde ist an dieser Stelle sehr eng. Entsprechend groß ist der Wasseraustausch und damit die Strömung. Gerade bei ablandigem Wind sollte man sie nicht unterschätzen. Wer hier taucht, sollte eine gute Kondition besitzen. Hält man diese Spielregeln ein, erlebt man jedoch ein einmaliges Wrack.

Bei klarer Sicht ist die Oberkante des Steuerhauses in 16 m Tiefe schon wenige Meter unter der Wasseroberfläche auszumachen. Das Schiff liegt im leichten Winkel mit dem Bug im Schlick. Das Heck ragt dagegen bis zur Schraubenwelle aus dem Boden.

Die Oberkante des Laderaums liegt bei 20 m. Durch einen großen keilförmigen Riß an Backbord fällt fahles Licht in das Innere. Hier ist die *Inger Klit* seinerzeit getroffen worden. In 22 m Tiefe verschwinden die Bugaufbauten im Schlick. Dort, wo einst die Schraube saß, ragt nur noch der Wellenstumpf in 23 m Tiefe aus dem Grund. Das große Ruder mit 1,2 m Durchmesser ist auch schon halb im Schlamm versunken. Mit 24 m ist hier die tiefste Stelle erreicht. Das ganze Wrack ist ungewöhnlich schön vor allem mit Seenelken bewachsen.

Tips für Taucher

Service   Stefan Meyer betreibt den *Tauchservice Nord* als
Teilzeitbasis. Zu erreichen ist er deshalb erst nachmittags. Bei ihm kann man seine Flaschen füllen lassen. Einige Leihflaschen stehen zur Verfügung. Angeschlossen ist ein kleiner Laden. Schulungen macht
er nicht, steht aber mit Rat und Tat bei der Planung
von Tauchgängen zur Verfügung

Ausfahrten   Nach Absprache fährt er mit Tauchern mit einem 5-
Meter-Boot auch zu den Wracks in der Flensburger
Förde. Das Schlauchboot mit Kunststoffrumpf ist
mit GPS, Notfallkoffer usw. ausgerüstet. Zu nennen
wären da die *Inger Klit*, der *„Bricketsegler"*, auch
MS Transport im Kleinen Belt nordöstlich Mom-
mark, die *Sophie* (in der Nähe des Leuchtturmes
Kalkgrund mitten im Fahrwasser) und der *„Getrei-
desegler"*. Auf Wunsch kann die Ausfahrt auch von
Mommark oder Damp aus erfolgen.

Unterkunft   Quartier in einer Pension 200 m vom Laden entfernt
kann vermittelt werden.

Adresse   Tauchservice Nord   Tel.:   0461-3241
Stefan Meyer
Schottweg 58
24944 Flensburg

●

Service   Für die *Förde Tauchschule und Shop* zeichnet Peter
Kopsch verantwortlich, der auch Vorsitzender des
Unterwasserclubs Baltic ist. Er betreibt auch eine
Füllstation – nach Absprache, da die Station nicht
immer besetzt ist.

Ausbildung   Unterrichtet wird nach CMAS/VDST.

Adresse   Förde Tauchschule und Shop   Tel.:   0461-63552
Peter Kopsch
Uranus Weg 19
24943 Flensburg

•

Service   Einen Vollservice bietet Arne Johannsen vom *Tauch-center Flensburg* täglich in der Zeit von 15 bis 18.30 Uhr, Samstags 10 bis 13 Uhr oder nach Absprache. 12 Leihausrüstungen und 25 Anzüge stehen zur Verfügung.

Ausbildung   Ausgebildet wird nach PADI.

Ausfahrten   Bei Bedarf werden mit lokalen Anbietern Ausfahrten zu den bekannten Wracks in der Flensburger Förde und vor Mommark arrangiert.

Adresse   Tauchcenter Flensburg   Tel.:   0461-33053
Arne Johannsen   Fax: 0461-36830
Mürwiker Str. 209
24944 Flensburg

Ausfahrten   Von Mommark aus in Dänemark fährt Hans Erik mit seinem Kutter *Rasmus* zu den Wracks in der Flensburger Förde und im Kleinen Belt.

Unterkunft   Zimmer und komfortabel ausgestattete kleine Ferienwohnungen bei der Basis können gebucht werden.

Adresse   Charterboot *Rasmus*   Tel:. 0045-744-7100
Hans Erik Hinrichsen   0045-3074-1643
Sarupvej 25   Fax: 0045-744-7474
Dk - 6470 Sydals

Der Leuchtturm und Boote der Wasserschutzpolizei in Eckernförde.

Vorbereitung zum Tauchgang an der Hafenmole.

Eckernförder Bucht

Der vordere Teil des Eckernförder Hafens mit dem alten Leuchtturm. Hier legen auch die Tauchschiffe an.

Eines der wohl schönsten Tauchreviere in Schleswig Holstein ist die Eckernförder Bucht. Zwei Stellen sind hier besonders hervorzuheben. Beide liegen – leider – in einem militärischen Sperrgebiet. Dennoch wird hier schon seit Jahren getaucht. Bislang wurde dies von den Behörden auch mehr oder weniger toleriert. In letzter Zeit ist es jedoch auch vorgekommen, daß sich Taucher eine Menge Ärger und sogar Strafen eingehandelt haben. Zum Beispiel, wenn sie trotz eines entsprechenden Verbots die Brücken der Marine betreten haben. Hält man sich aber an die Spielregeln, bleibt man an sich unbehelligt. Nur – eine Garantie dafür gibt es nicht. Fallen wieder einmal Taucher auf, wird in den Wochen danach meist schärfer kontrolliert. Man kann deshalb nur an den

Vier gelbe Tonnen neben der neuen Brücke weisen auf die alte Brücken-anlage hin. Im Flachwasserbereich vom Strand aus sind schon die ersten Reste erkennbar.

Gemeinsinn der Taucher appellieren, sich doch bitte an die hier geltenden ungeschriebenen Gesetze zu halten. Offizielle Lesart ist, daß die Wasserschutz-polizei angewiesen ist, gegen Taucher vorzugehen und Verwarngelder zu verhängen.

Tauchgebiet *WTD 71*

Das erste Tauchgebiet, von dem hier die Rede sein soll, wird unter Tauchern WTD 71 genannt. WTD steht für „Wehrtechnische Dienststelle der Bundes-wehr" und ist die technische Bezeichnung für eine Torpedo-Versuchsstation. Von hier aus werden Tor-pedos kontrolliert in die Bucht geschossen, um sie am Ausgang der Bucht an einer ähnlichen Brücke wieder einzufangen.

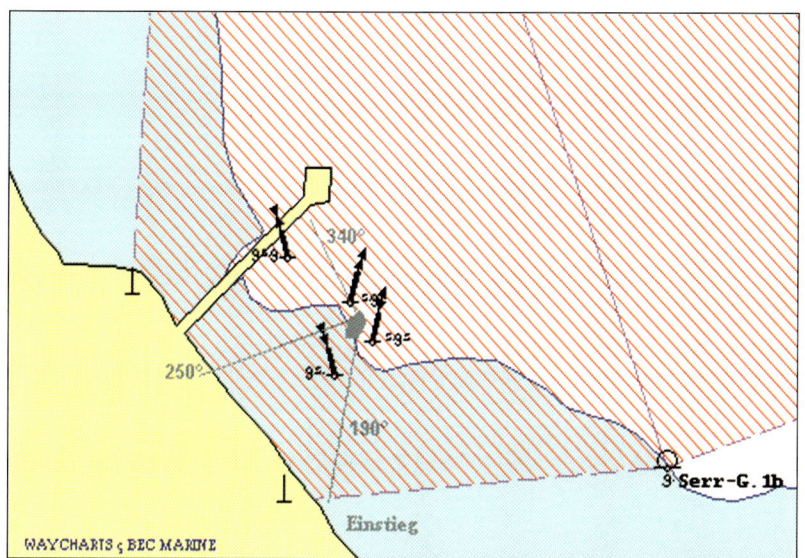

Anfahrt   Das Tauchgebiet liegt am Südende der Eckernförder
Bucht direkt neben dieser Bundeswehreinrichtung.
Über die Bundesstraße 76 aus Kiel Richtung Eckern-
förde kommt man kurz vor dem Ortseingang zum
Strandpavillon am Badestrand. Hier befindet sich die
Einfahrt zu einem bewachten und kostenpflichtigen
Parkplatz.

Parken sollte man am besten auf dem höher gelegenen Teil. Von dort aus hat man nicht nur einen
herrlichen Blick über die Bucht, sondern kann auch
den Tauchplatz sehen. Durch einen kleinen Weg ge-
langt man über eine Stahltreppe zum Strand direkt
vor dem Parkplatz.

Eckernförde ist ein beliebtes Familienbad – dies
gilt besonders für diesen Strand. Während der Bade-
saison ist Parkraum – obwohl reichlich vorhanden –
deshalb immer knapp. Der Strand ist auch bei Surfern

Die Trümmer der Plattform mit ihrem dichten Bewuchs bieten vielen Jungfischen geschützen Lebensraum.

sehr beliebt. In der Regel gehen sich aber Surfer und Taucher aus dem Weg. Der Tauchplatz ist durch vier gelb-schwarze Untiefentonnen bezeichnet und liegt etwa 300 m vom Strand entfernt. Die Tonnen sind vom Einstiegsplatz aus deutlich zu sehen und helfen bei der Orientierung.

Einstieg Einsteigen sollte man von der Kreuzbake, die das Sperrgebiet an Land markiert. Diese Bake steht praktisch in der Mitte der Untiefentonnen. Die Peilung liegt bei 200° bis zur Mitte des Tauchgebietes.

Eine andere Möglichkeit bietet der Einstieg vom Strand aus direkt unter dem Parkplatz. Angepeilt wird die Nordtonne mit 010°. Beim Tauchplatz handelt es sich um die Trümmer einer alten Steganlage mit einer Plattform am Ende. Sie wurde von den Engländern nach dem Krieg gesprengt. Der Grundriß entspricht dem des neuen Steges gleich nebenan.

Der Strand fällt sanft auf zunächst 2 m ab. Nach einem Seegrasfeld kommt wieder eine freie Sandfläche. Erster Orientierungspunkt ist eine „Höhle", die allerdings nicht viel mehr ist als ein Bogen aus Betonplatten. Reinkriechen kann man in die Höhle nicht, nur reinsehen. Von dort geht es weiter auf 5 m, bzw. 5,5 m zu den Baumstämmen. Danach beginnt das eigentliche Trümmergelände, das sehr schnell wieder aufsteigt bis zur sogenannten Plattform in der Mitte. Diese Betonplatte mißt ungefähr 2 m^2 und liegt je nach Wasserstand nur etwa 2 m unter dem Wasserspiegel.

Flora und Fauna
Die Trümmer weisen starken Bewuchs auf und werden von zahlreichen kleinen Fischen als Schutz für ihre Brut genutzt. Aale, Aalmuttern und Seehasen trifft man eher selten an, dafür aber Nacktschnecken und Seenelken an strömungsgünstigen Stellen.

Im Laufe der Jahre bewachsene Stahlteile und Träger bilden einen Torbogen, den man gefahrlos durchtauchen kann.

Sicht und Tiefe

Beste Sichtverhältnisse findet man im Frühjahr und Herbst vor. Im Sommer ist das Wasser meist durch starken Algenwuchs getrübt. Rechts und links von den Trümmern liegt die Tiefe bei etwa 5,7 m. Hinter der Plattform in Peilung 210° fällt der Grund auf 8 m und dann sehr schnell auf 10 m ab. Hier endet auch das durch die Tonnen ausgewiesene Sperrgebiet.

Der Tauchplatz gilt als leicht und wird besonders gern von Anfängern genutzt. Dennoch ein Wort zur Vorsicht:

Sicherheitshinweis

An einigen Stellen ragen noch Reste der Armierung aus dem Beton. Deswegen kann es auch zu Verfälschungen bei der Kompaßnavigation in unmittelbarer Nähe der Trümmer kommen. Es gibt Überlegungen in Bonn, die Wehrtechnische Dienststelle zu schließen und das Gelände freizugeben. Eine Entscheidung darüber ist aber noch nicht gefallen. Insofern sollte niemand auf ein „Gewohnheitsrecht" zum Tauchen pochen und vor allem nicht in die Nähe der neuen Steganlage links vom Trümmergelände tauchen. Ein Streit mit der Bundeswehr kann nur dazu führen, daß das Gelände wirklich für jede Nutzung strikt gesperrt wird.

Die Plattform am Ende des Trümmergeländes liegt nur wenige Meter unter der Wasseroberfläche.

Gekennzeichnet durch Tonnen, sind die Reste der alten Anlage rechts neben der neuen Brücke im Wasser klar auszumachen.

Als Gegenstück zur Steganlage der Torpedo-Versuchsstation WTD 71 liegt die Auffangstation am rechten Ufer am Ausgang der Eckernförder Bucht bei Surendorf. Das Tauchgebiet liegt rechts von dieser Steganlage.

Tauchgebiet *Surendorf*

Anfahrt   Von Kiel aus fährt man über die ausgeschilderte Nebenstrecke Richtung Eckernförde, die Bundesstraße 503, nach Surendorf. Im Ort selbst folgt man dann der Ausschilderung zum Strand und dem sehr beliebten Campingplatz.

Im Gegensatz zum Tauchplatz WTD 71 kann man hier aber nicht direkt am Strand parken. Der Weg ist meistens durch eine Schranke gesperrt. Deshalb muß

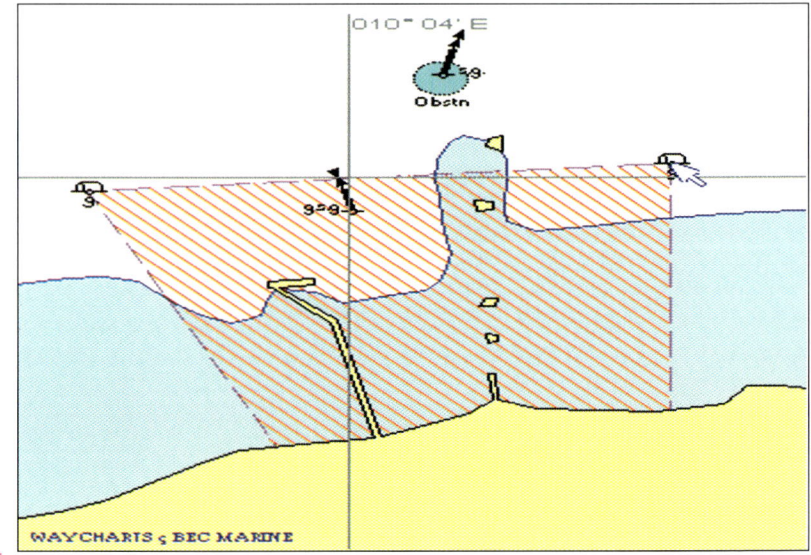

man noch etwa 400 m die Straße entlang bis zum Strand gehen. Manchmal hat man Glück und kann zumindest die Ausrüstung vorher abladen.

Auch dieses Tauchgebiet liegt in einem militärischen Sperrgebiet – obwohl hier seit mehr als zehn Jahren regelmäßig getaucht wird. Nach neueren Plänen soll das Trümmerfeld beseitigt werden und hier ein Bootshafen entstehen.

Einstieg Der Einstieg erfolgt vom Strand aus. Ausgangspunkt sollten einige Trümmerreste direkt am Ufer vor dem Segelclub sein. Die Peilung liegt bei 350°. Der Strand fällt auch hier wieder leicht ab. Gekennzeichnet ist auch dieses Sperrgebiet durch Tonnen.

Zwei liegen rechts von der neuen Steganlage, die beiden anderen links vom Pier und sind deshalb vom Ausgangspunkt aus nicht zu sehen. Die Trümmer – das gesprengte Pendant zur alten Brücke am Ende

der Bucht – liegen am rechten Rand dieses Sperr-
gebietes und sind durch drei gelb-schwarze Untiefentonnen gesondert ausgewiesen. Am Ende des ehemaligen Stegs ragen noch immer einige Trümmerreste aus der Ostsee.

Getaucht wird entlang der zerstörten Brücke. Bei
der 3-Meter-Linie fangen die Trümmer an. An der
Längsseite gibt es immer wieder sehr interessante
„Höhlen" und auch Durchgänge, durch die man zur
anderen Seite tauchen kann. Mit dem entsprechenden
Licht entdeckt man in diesen Höhlen sehr schönen
Bewuchs. Hineintauchen kann man in die Höhlen al-
lerdings nicht.

Tiefe und Das Ende des Piers liegt in 8 m Tiefe. Orientierungs-
Sicht punkt ist ein aus dem Wasser ragendes Trümmer-
stück. Von hier aus kann man in der Peilung 20° zum
sogenannten Plateau in 12 m Tiefe weitertauchen.
Diese Plattform liegt in einer Entfernung von etwa
30 m an der äußersten rechten Ecke des Sperrgebie-
tes. Bei Ostwind lohnt die Sicht nicht.

Flora und Die Steganlage ist ein beliebtes Revier der Lippfi-
Fauna sche, genannt Riffbarsche, die man hier praktisch zu
jeder Jahreszeit antreffen kann. Am Rand der Trümmer tummeln sich auch gerne Seehasen.

Einen Nachttauchgang sollte man hier durchaus
einplanen.

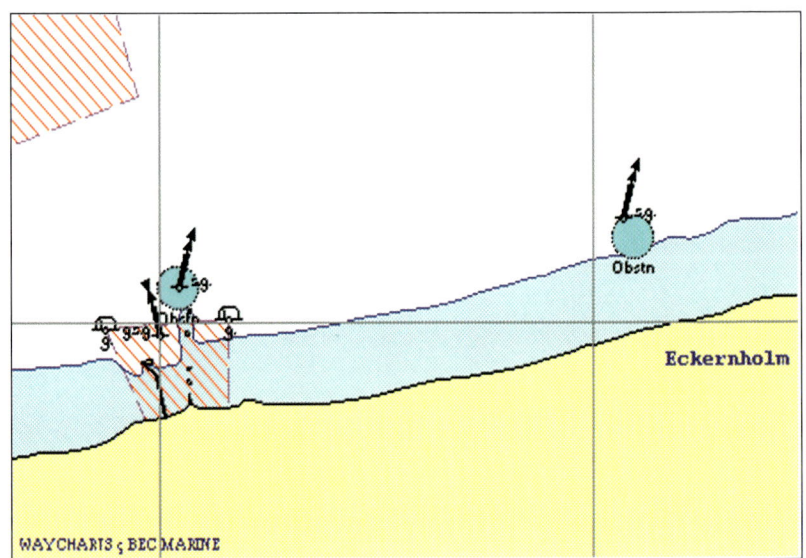

Tauchgebiet *Eckernholm*

Anfahrt   Direkt neben Surendorf liegt die kleine Gemeinde
Eckernholm an der Nebenstraße nach Dänisch Nien-
hof. Man kann bis zum Strand hinunterfahren und,
wenn noch ein Platz frei ist, dort auch parken.

Wrack   Etwa 500 m bis 800 m vom Strand entfernt liegt eine
Wracktonne. Sie kennzeichnet einen wunderschönen
Tauchplatz. Kurz vor der Tonne liegen die Reste ei-
ner gesprengten Betonschute.
(Position N 54° 29.15' / E 10° 06.14').
   Im Zweiten Weltkrieg wurde an diesem schwim-
menden Betonklotz die Wirkung von Minen getestet.
Die Reste liegen in einer Tiefe von nur 3 m bis 6 m.

Flora und   Die Schute ist heute herrlich zugewachsen und dient
Fauna   vielen Fischen als Kinderstube. Das Wrack erinnert

– obwohl es einst ein gezogenes Boot aus Beton ohne eigenen Antrieb war – heute mehr an Bunkerreste. Bewachsen ist es vor allem mit Braunalgen und Seenelken. Das künstliche Riff ist allerdings nicht leicht zu finden.

Einstieg

Der Einstieg erfolgt vom Strand aus. Mit dem Rücken zum DLRG-Haus am Strand sollte man eine direkte Verbindungslinie zur Tonne anpeilen. Der Klotz liegt dann etwa 50 m vor der Tonne.

Egal wie genau man auch peilt, suchen muß man trotzdem. Denn je nach der Windrichtung dreht sich die Tonne um ihre Verankerung. Mal schwingt sie etwas mehr in Richtung Strand, mal weiter in die Bucht hinaus oder auf den Betonklotz zu. Die angegebene Peilung kann deshalb nur einen Anhaltspunkt bieten. Obwohl man vielleicht etwas Zeit braucht, um die Schute zu finden, lohnt sich der Ausflug dorthin in jedem Fall.

Sicht

Die Sicht ist hier meist etwas besser, da eine nur leichte Grundströmung ständig frisches Wasser zuführt. Bei Wind aus Ost-Nordost trüben die Wellen der Brandung die Sichtverhältnisse sehr schnell.

Die Reste der Betonschute sind dicht bewachsen.

Deutlich erkennbar ist die Abbruchkante zum tiefen Bereich vor dem Campingplatz.

Tauchgebiet *Noer*

Anfahrt Von Surendorf über die Bundesstraße 503 in Richtung Eckernförde gibt es noch einen erwähnenswerten Tauchplatz. Er liegt bei der Gemeinde Noer in einer kleinen Bucht etwas links vom ausgewiesenen Campingplatz.

Flora und Fauna Das Gebiet profitiert ebenfalls von der leichten Grundströmung. Entsprechend reich sind der vielfältige Pflanzenwuchs und der Fischbestand.

Auf dem Boden finden sich interessant bewachsene große Steine. Während die Vegetation in den im Sommer oft sauerstoffarmen Buchten der Ostsee meist schon ab 5 m sichtbar abgestorben ist, findet sich hier noch Bewuchs bis in eine Tiefe bis 10 m.

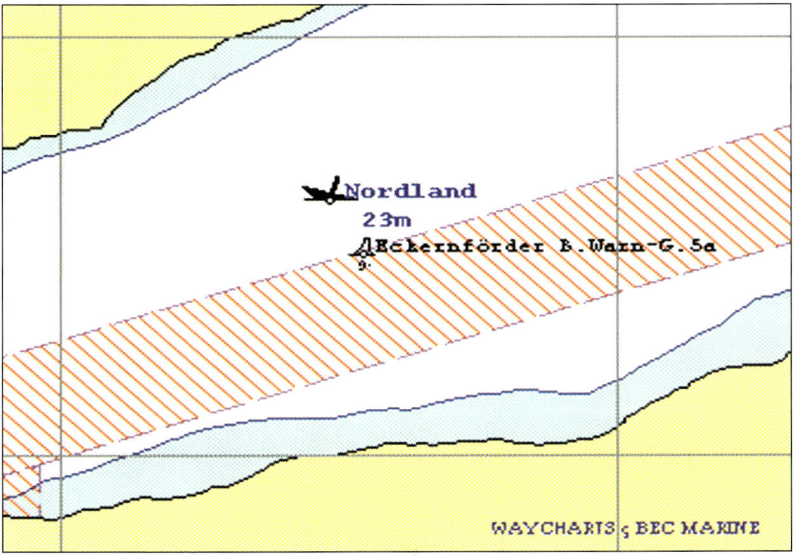

Die Sicht ist – wegen der leichten Strömung – meist gut. Probleme gibt es nur im Hochsommer zur Algenblüte durch Plankton, aber selbst dann ist hier die Sicht noch besser als an vielen anderen Stellen.

Der Brotkrumenschwamm ist typisch für weite Bereiche der Ostsee, besonders den Flachwasserbereich in der Eckernförder Bucht.

In sauberen Flachwasserbereichen findet man auch Nacktschnecken, da sie sich gern in klarem Wasser aufhalten.

Wrack   Mitten in der Eckernförder Bucht eben außerhalb des Warngebietes auf der Höhe von Noer (Peilung Noer – Seetonne) liegt das Wrack der *Nordland* in einer Tiefe von 23 m (N 54° 29.27' / E 09° 58.01').

Vom Stapel gelaufen ist die *Nordland* am 8. Juli 1918 als die dänische *Niels Juel*. Entworfen wurde sie als sogenanntes Küstenpanzerschiff während des Ersten Weltkrieges. Angegeben wird ihre Länge über alles mit gut 160 m bei 3800 Tonnen.

Zu sehen ist von der *Nordland* heute nicht mehr viel, denn kurz nach dem Krieg ist das Schiff in der schrottarmen Zeit systematisch abgeborgen worden. Erhalten ist nur noch der mit Seenelken bewachsene Rumpf in einer maximalen Tiefe von 28 m, der in zwei Teile zerborsten ist. Alle Aufbauten fehlen. Um den Rumpf herum liegt verstreut zahlreiches Schiffs-zubehör wie Rohre, Tampen, und Kabel. Mit ein we-

Am Wrack der „Nordland".

nig Glück kann ein Taucher auch gelegentlich noch
ein Bullauge aus dem Schlamm graben – wobei dann
allerdings die Sicht sehr schnell verdorben ist. Dennoch vermittelt das, was vorhanden ist, immerhin
noch einen Eindruck von der Größe der einstigen
Nordland. Wer hier taucht, muß eine gewisse Liebe
für das Detail mitbringen, er muß sich zumindest
vorstellen können, wie alles einmal ausgesehen haben könnte. Im früheren Heck der *Nordland* ist meist
ein Dorschschwarm anzutreffen.

Das Tauchgebiet mit Tiefen über 20 m zwischen dem Campingplatz Langhoved in Richtung Karlsminde. Erkennbar die Abbruchkante zum tiefen Bereich.

Tauchgebiet *Langhoved*

Ein oft für Schulungen genutztes Revier liegt auf der anderen Seite der Eckernförder Bucht bei Langhoved oder auch Langhöft, wie es auf manchen Karten eingezeichnet ist.

Seegraswiesen bieten vielen Arten von Kleintieren Lebensraum.

Zu sehen ist hier nicht sehr viel außer Seegras. Bekannt geworden ist der Platz wegen seiner Tiefen über 20 m, die in der Ostsee an von Land aus betauchbaren Plätzen durchaus nicht üblich sind. Wer dies ausprobieren möchte, sollte bis zur Boje schnorcheln und dann dort runtergehen (ca. 10 bis 13 m). Kurz danach fällt der Grund sogar auf bis zu 27 m ab. Viele, die in Schleswig Holstein ihren „Open Water" ertaucht haben, sammelten hier ihre erste Erfahrung mit der Tiefe.

Tauchgebiet *Bookniseck*

Etwas weiter nördlich an der Küste entlang liegt Bookniseck. Der Grund besteht hier aus einer Torfschicht mit sehr interessanten Formationen und vielen bewachsenen Felsen. Sehr gemütliches Tauchen in Tiefen um 7 m.

Tips für Taucher

Service Im *Tauchcenter Eckernförde* sind die Ansprechpartner Rolf „Rolli" Christoleit und Bernd „Döppi" Döppenbecker.

Ihr Tauchshop ist zwischen Mai und September auch an Sonn- und Feiertagen zwischen 10 und 11 Uhr geöffnet. Füllungen gibt es während der normalen Öffnungszeiten oder nach Absprache.

Ausbildung Sie betreiben eine PADI-Tauchschule und stehen als Master Diver und Führer für Exkursionen zur Verfügung. Leihausrüstungen sind vorhanden.

Unterkunft Bei Bedarf werden auch Unterkünfte vermittelt.

Adresse Tauchcenter Eckernförde   Tel.: 04351-5664
Rolf Christoleit   Fax: 04351-5451
Bernd Döppenbecker
Jungfernstieg 69
24340 Eckernförde

•

Ausfahrten Während der Sommermonate liegt im nahen Ostseebad Damp die *Bubblewatcher II* von Peter Klink am Steg M33. Er arbeitet eng mit dem *Tauchcenter Eckernförde* zusammen und führt von Damp aus Tauchfahrten und Tauchschulungen durch. Das Schiff ist im April 1995 zu Wasser gelassen worden.

Die *Bubblewatcher II* ist eine Stahlyacht mit sechs Schlafplätzen, 12 m lang und 3,8 m breit. An Bord sind Kombüse, Toilette und Dusche und es steht ein Kompressor zur Verfügung. Das Boot besitzt eine speziell für Taucher verlängerte Badeplattform.

Angeboten werden Nachttauchgänge, Tagesfahrten, Wochenendtrips und verlängerte Wochenendfahrten. Auf Wunsch kann aber auch länger gebucht werden – etwa ein Törn von 7 Tagen zu den schönsten Wracks der westlichen Ostsee.

Ausbildung Von Bord der *Bubblewatcher II* werden regelmäßig Spezialkurse wie Boots-, Wrack-, Tief – und Scootertauchen durchgeführt. Gebucht wird über das *Tauchcenter Eckernförde* oder direkt bei

Peter Klink   Tel.: 0161-5404808

•

Service Hans Dierksen und Olaf Prestin betreiben das *Wassersportzentrum Eckernförde – Tauchsport Heese*. Die Basis bietet Füllungen (in der Saison auch am Wochenende) und geführte Tauchgänge zu den bekannten Gebieten in der Eckernförder Bucht. Der Basis ist ein Shop angeschlossen.

Ausfahrten Dafür stehen zwei Boote zur Verfügung. Bei Wrackfahrten arbeitet die Basis mit anderen Veranstaltern zusammen.

Ausbildung PADI-Tauchschule. Leihausrüstungen sind vorhanden.

Adresse Wassersportzentrum Eckernförde
Hans Dierksen   Tel.: 04351-2567
Olaf Prestin   Fax: 04351-2862
Am Exer 28
24340 Eckernförde

•

Service Nahe der Autobahn A 7 Hamburg–Flensburg in Höhe von Eckernförde liegt die Tauchschule und -basis *Wiking* von Uta und Hubert Stieve. Angeschlossen ist ein Shop mit Reisebüro. Die „Wikinger" sind auch über das Internet abrufbar.

In der idyllisch gelegenen Tauchschule Wiking werden auch Seminare und Spezialkurse durchgeführt.

Geöffnet ist die Basis für Füllungen während der normalen Ladenzeiten, in der Saison auch am Wochenende. Leihausrüstungen stehen zur Verfügung.

Es gibt eine eigene Werkstatt für Lungenautomatenrevision, Dichtigkeitstest für Trockentauchanzüge und Reparaturen. Nitrox-Füllstation.

Ausbildung Schulungen werden nach PADI durchgeführt vom Anfänger bis zum Tauchlehrer, Technical Diving-

Mit seinem robusten „Sixpack" fährt Hubert Stieve Taucher zu den Wracks.

Kurse und Nitrox-Kurse nach IANTD. Spezialkurse für Trockentauchen.

Ausfahrten Die Basis verfügt über ein eigenes Schlauchboot für Ausfahrten (6 Personen). Ein Newsletter informiert über die monatlich geplanten Exkursionen. Wrackfahrten auf Anfrage.

Adresse Tauchschule Wiking   Tel.: 04338-398
Drysuit & Tech Diving Center   Fax: 04338-605
Luisenhof   Internet:
24791 Alt Duvenstedt   100-753.1014
                               compuserve.com.

•

Ausfahrten Von Eckernförde oder Damp aus bietet Hans Klings auf dem Oldtimer-Segelschoner *Zuversicht* mehrtägige Tauchtörns besonderer Art an. Das 1905 gebaute Schiff ist 30 m lang und fast 7 m breit, nimmt bis zu 12 Taucher an Bord und ist mit Beiboot, Kompressor, umfangreicher Sicherheitsausrüstung und moderner Wrackortungstechnik bestens ausgestattet. Der ehemalige große Laderaum wurde in gemütliche Wohnräume umgestaltet, in der geräumigen Kombüse wird für das leibliche Wohl während der Exkursionen gesorgt. Die *Zuversicht* erreicht bevorzugt bisher überhaupt nicht oder kaum betauchte Wracks in der Ostsee einschließlich Bornholm und Rügen.

Ebenfalls für Wracktauchfahrten steht der Hochseekutter *Hela* zur Verfügung. Die *Hela* kann auch Vereine oder Tauchclubs mit bis zu 40 Tauchern in der Tagesfahrt befördern.

Seminare Alljährlich findet mindestens ein Wracktauchseminar statt sowie ein archäologisches Taucherseminar unter wissenschaftlicher Anleitung.

Der Schoner „Zuversicht" bringt Taucher zu bisher unbekannten oder kaum betauchten Wracks.

Buchungen Hela-Seetouristik Tel.: 04351-83668
Hans Klings Fax: 04351-82380
Gut Eichthal
24340 Eckernförde

•

Ausfahrten In Kappeln liegt der Kutter *Wiking*.

Buchungen H. Szameitat Tel.: 04642-81371
Olpenitzer Dorfstraße 11
24376 Kappeln

•

Ausfahrten In Maasholm hat der *Sturmvogel* seinen Liegeplatz.
Der Tauchkutter ist mit 8 Kojen, Dusche, Kombüse
und Stromversorgung ausgestattet.

Buchungen Bleckys Tauchservice Tel.: 040-6955594
Rosmarinstraße 26
22047 Hamburg

Kieler Bucht

An der Kieler Förde.

Die Eckernförder Bucht geht etwa auf der Höhe von Dänisch Nienhof über in die weite Kieler Bucht mit herrlichen Sandstränden zu beiden Seiten der Kieler Förde. Erster Anlaufpunkt soll der seichte Stoller Grund mit dem Bülker Leuchtturm sein.

Mit dem Leuchtturm im Rücken lohnt sich ein Tauchgang von den Wellen-brechern aus im Flachwasserbereich um 5 m.

Tauchgebiet *Bülk*

Anfahrt   Zu erreichen ist der Bülker Leuchtturm von Strande aus über eine kleine Teerstraße. Ganz am Ende der Straße liegt vor dem Kieler Klärwerk ein Parkplatz am Strand.

Das Klärwerk hatte früher einen schlechten Ruf, wurden doch die Kieler Abwässer von hier aus in die Ostsee geleitet. Diese Zeiten sind aber längst vorbei. Aus den Rohren nördlich des Leuchtturms fließt zwar immer noch eine warme braune „Brühe", diese ist jedoch weitgehend „schadstofffrei".

Obwohl sich dank dieses nährstoffreichen Zuflus-ses am Ende der Rohre ein vielfältiges biologisches Leben etabliert hat, sollten Taucher diesen direkten Einflußbereich meiden. Vor den Rohren ist das Tau-chen ohnehin verboten. Heute ist die Bucht seitlich

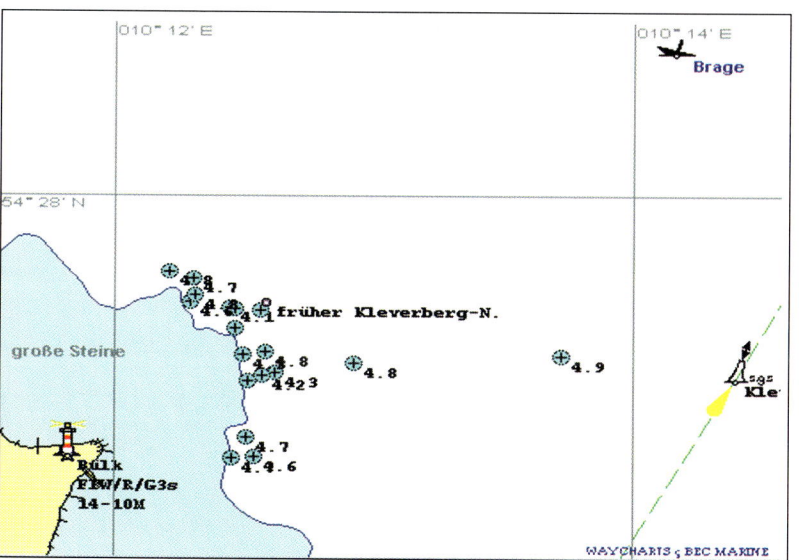

des Klärwerks ein beliebtes Bade- und Surfgebiet mit erstaunlich klarem Wasser. Die Ostsee hat hier in einem weiten Bogen um den Leuchtturm nur noch eine Tiefe um 3 m.

Einstieg Getaucht wird vom Strand aus mit dem Leuchtturm im Rücken bei einer groben Peilung von 140°. Der Untergrund ist hier nach Ansicht vieler Taucher „einfach traumhaft schön". Das ganze Gebiet ist – wie viele Stellen in diesem Küstenbereich – eine eiszeitliche Endmoränenlandschaft. Das heißt, große Steine liegen auf dem tonigen Grund verstreut.

Der Boden ist im Laufe der Jahrtausende an vielen Stellen bizarr ausgewaschen worden. Verstreut zwischen den Steinen finden Taucher immer wieder die Reste von dicken Baumstämmen. Einige wollen hier auch schon Versteinerungen gefunden haben.

Flora und Fauna

Bülk ist ein Revier zum Entspannen bei einem gemächlichen Tauchgang. Wer hier taucht, sollte sich einen schön bewachsenen Stein suchen und kurz über dem Boden austarieren. Bei genauerem Hinsehen entdeckt er dann die ganze Vielfalt des hier siedelnden Lebens.

Links vom Leuchtturm erstrecken sich sehr schöne Seegraswiesen, unterbrochen von vielen freien Sandstellen, in einer Tiefe bis maximal 5 m.

Da das Wasser strömungsbedingt sehr sauber ist, halten sich hier gerne größere Exemplare der Nacktschnecken auf.

Die Strömung ist allerdings so seicht, daß auch Anfänger beruhigt ins Wasser können.

Der Bülker Leuchtturm.

Schnecken halten die Blattflächen sauber.

Strandkrabbe.

Im Hintergrund rechts der Parkplatz. Deutlich sichtbar der Strand mit der Abbruchkante im Wasser. Auf der linken Seite die Steinmole des Olympia-hafens mit dem Ausfluß des Fuhlensees. Tauchen sollte man vom Strand aus in Richtung auf die Mole, an der Mole entlang und dann quer durch das Becken in Richtung auf die Segelhafenmole.

Tauchgebiet *Strande*

Ihre ersten Tauchversuche machen Kieler Tauch-schüler meist in der Strander Bucht vom Strand aus.

Anfahrt Über die Bundesstraße 503 fährt man von Kiel aus in Richtung Olympiazentrum. Gleich hinter dem Kieler Segelzentrum geht es rechts nach Strande ab.

Noch bevor der eigentliche Ort Strande kommt, liegt auf der rechten Seite der Segelclub mit einem öffentlichen Parkplatz. Im Sommer ist es ratsam, sich am Automaten einen Parkschein zu ziehen, denn der Ortspolizist und die Gemeinde selbst kontrollie-ren den Platz mehrmals täglich.

Einen Weg über den Deich führt zum Strand. Rechts liegt die Außenmauer des Olympiahafens von Schilksee, zur Linken der Strander Bootshafen. Die Beton-Außenmole des Olympiahafens ist der Ausfluß des Fuhlensees auf der anderen Seite der Bundesstraße. Wenn der Wasserpegel im See bei anhaltendem Regen zu hoch steigt, dient er als Überlauf.

Hat es viel geregnet, kann man das Tauchen in der Bucht vergessen. Dann ist die Sicht wegen des trüben Fuhlensee-Wassers gleich Null und man muß froh sein, wenn man die Flossen des Vordermannes überhaupt noch sieht.

Dafür lockt das Süßwasser des Fuhlensee-Ausflusses bei freundlicher Wetterlage und dann auch relativ guter Sicht viele große Barsche an.

*Blick vom
Strand auf den
Segelhafen.
Eine Gruppe
von Tauchern
ist gerade am
Einstiegsplatz.*

Einstieg   Getaucht wird in der Regel vom Strand in der Nähe
der rechten Außenmauer aus mit einer Peilung von
etwa 30° in die Mitte der Bucht. Der Strand fällt
zunächst flach ab. Erster Orientierungspunkt ist dann
die Außenkante zum „Großen Loch" in der Mitte der
Bucht mit einer Tiefe von bis zu 7 m.

Am Rand des Lochs entlang geht es zur Außenmauer des Olympiahafens. Große Steine sollen die

*Taucher an der
Hafenmole.*

*Man kann
bis an die
von Rost
zerfressene
Spundwand
herantauchen.*

Spundwand vor den Brechern bei Sturm schützen.
Zum Teil kann man bis an die Spundwand herantauchen. Der Zahn der Zeit hat längst an dieser Spundwand genagt. Durch Rissse und Spalten kann man an
vielen Stellen in den Hafen hineinsehen. Bei entsprechendem Sonnenstand ein herrlicher Blick!

Von der Spitze der Steine taucht man in genau
nördlicher Peilung dann durch das „Große Loch" auf

*In Strande
entdeckt man
in der Abend-
dämmerung oft
Aale zwischen
den Steinen
der Mole.*

In der Strander Bucht ist das Tauchen gefahrlos und entspannend.

den Eingang des Strander Segelhafens zu. Man kann auch weiter an den Steinen entlang der Außenmole tauchen. Dort halten sich meist viele Jungfische auf.

Flora und Fauna Im Frühjahr ist die Bucht ein beliebter Tummelplatz für junge Heringe. Plattfische buddeln sich gerne in den sauberen Sandboden zwischen den Muschelbänken ein. Alles in allem bietet die Strander Bucht zwar nichts Spektakuläres, dafür aber einen schönen gefahrlosen Tauchgang.

Sehr zu empfehlen ist die Bucht für einen Nachttauchgang im Spätherbst.

Hinterher kann man noch durch den früheren Fischerort Strande bummeln und in einer der vielen Kneipen einkehren. Die Strander Schollen mit Speck sind eine Legende ebenso wie die frischen Fischbrötchen von der Strandbude.

Das Tauchgebiet erstreckt sich zwischen dem Dampferanleger im Vordergrund bis zum Leuchtturm, der die engste Stelle in der Förde markiert. Deutlich sichtbar ist die Abbruchkante am Rande der Fahrrinne.

Tauchgebiet *Falkenstein*

Anfahrt   Einer der längsten und weitesten Strände an der Kieler Förde ist der Strand von Falkenstein zwischen Friedrichsort und Schilksee. In Friedrichsort biegt man ab in die Straße Brauner Berg und fährt Richtung Falkenstein bis zum Strand. Getaucht werden kann zu beiden Seiten des Anlegestegs der Fördedampfer bis zum Campingplatz auf der linken und dem Leuchtturm auf der rechten Seite.

Links vom Anleger soll noch bei etwa 9 m das Wrack eines gesunkenen Fischkutters liegen. So genau aber weiß das niemand. Auch hier zeigt sich ein schöner Bewuchs, gibt es die großen Endmoränenbrocken und Baumstämme mit der entsprechenden Vegetation.

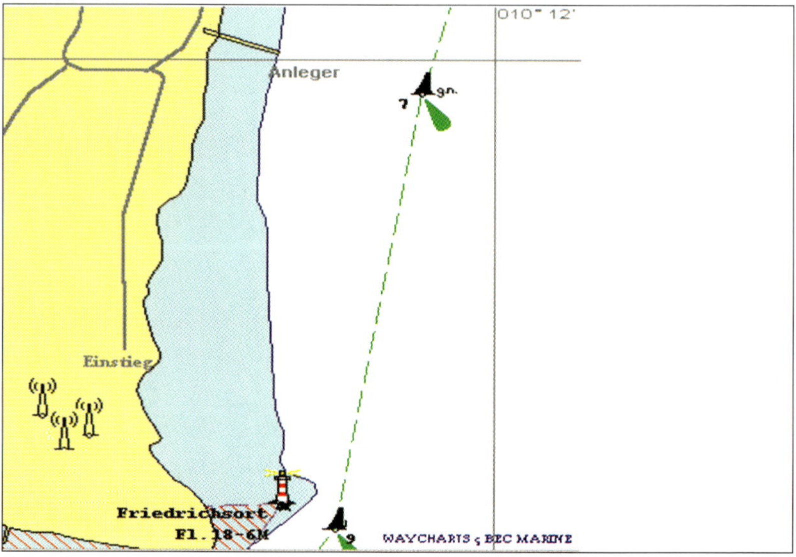

Anleger

7 9n.

Einstieg

Friedrichsort
Fl. 18-6M   9   WAYCHARTS ; BEC MARINE

Sicherheits- Vorsicht ist allerdings in direkter Nähe des Anlegers
hinweis geboten! Dort ist Baden und Tauchen verboten!

*Das Tauch-
gebiet rechts
vom Fähran-
leger bis zum
Leuchtturm.*

Blick vom Falkensteiner Ufer mit dem Fähranleger über die Kieler Förde.
auf das Marine-Ehrenmal von Laboe am Ostufer.

Rechts davon, in der Bucht bis zum Leuchtturm hin, taucht man am Rand der Fahrrinne. Von hier aus geht es sehr steil auf 12 m ab. Der Leuchtturm markiert die engste Stelle der Förde.

Sicherheits-hinweis Direkt vor dem Leuchtturm sollte man auf keinen Fall tauchen – denn hier suchen sich die wirklich „großen Pötte" ihren Weg zur Einfahrt in den Nord-Ostsee-Kanal. Achtung: starke Schraubengeräusche! Wer vor dem Leuchtturm taucht, bekommt in kürzester Zeit Ärger mit der Wasserschutzpolizei.

Flora und Fauna In diesem Teil der Bucht tummeln sich Dorsch und Hering (Saison April/Mai) und Seenadeln zwischen den Jungfischen an den bewachsenen Steinen und im Seetang.

Zwischen Schlepper und dem Werkshafen des Wasser- und Schiffahrts-amtes liegt die mittlerweile geschlossene alte Seebadeanstalt Holtenau. Deutlich erkennbar ist die große Spundwand vor der Einfahrt zum Hafen.

Tauchgebiet *Badeanstalt Holtenau*

Anfahrt

Von Kiel aus kann man über den Stadtteil Holtenau bis zum alten Leuchtturm direkt am Eingang zum Nord-Ostsee-Kanal fahren. Kurz vor dem Ende der Straße führt eine Sackgasse zwischen der befestigten Uferkante und dem Zaun des Marinegeländes nach links zur alten Seebadeanstalt Holtenau. Für Busse besteht hier keine Wendemöglichkeit.

Die Badeanstalt ist seit Jahren aus Sicherheitsgründen geschlossen, weil die Pfahlkonstruktion vermodert ist. Das hält die Holtenauer dennoch nicht davon ab, sich hier wie Anno dazumal den Badefreuden hinzugeben.

Sicht und Tiefe

Bei einer Tiefe zwischen 3 m und 5 m ist das Wasser meist sehr klar.

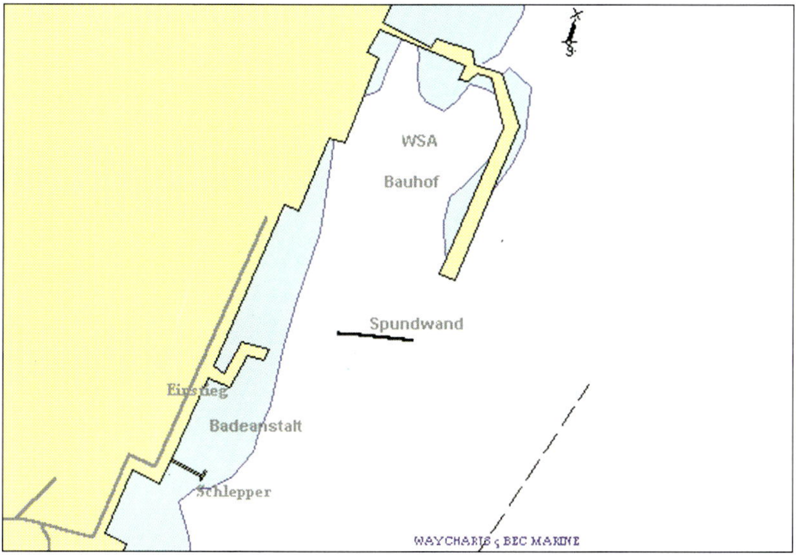

WSA

Bauhof

Spundwand

Einstieg

Badeanstalt

Schlepper

WAYCHARTS ç BEC MARINE

Man sollte sich jedoch möglichst weit vom Anleger des Schleppers halten. Erst wenn man ein wenig rausschwimmt, kommt man auf rund 9 m.

Links die alte Badeanstalt. Einsteigen kann man in Höhe der Reste der alten Spundwand, um dann in Richtung der Spundwand rechts im Hintergrund zu tauchen.

Um Ärger zu vermeiden, sollte man auf den Schlepper rechts von der Spundwand achten.

Flora und Fauna

In dem schönen Bewuchs tummeln sich zahlreiche Fische, vor allem Schollen. Am schönsten ist es hier, wenn die Sonne am späten Vormittag durch die Pfeiler der Badeanstalt bis auf den Grund scheint.

Zu empfehlen ist ein Tauchgang, der zunächst bis zu den Resten der rechten Spundwand führt, dann quer zur nächsten Spundwand und zurück unter der Badeanstalt hindurch.

Wenn das Sonnenlicht zwischen den Pfählen der Badeanstalt den Boden beleuchtet, kann man hier und da Schollen entdecken.

An der Spundwand.

Ein besonderes Augenmerk sollte man dem Schlepper am Anleger rechts von der rechten Spundwand schenken. Wenn der Kapitän Taucher sieht, wagt er nicht anzulegen. In gebührendem Abstand wartet er – auf die von ihm sofort alarmierte Wasserschutzpolizei. Deshalb sollte man dem Schlepper aus dem Weg gehen, bzw. ihm Handzeichen geben, daß man in Richtung auf die gegenüberliegende Spundwand zu tauchen gedenkt. Diese kleine Geste erspart einem unnötigen Ärger.

In der Regel sind die Schlepperkapitäne den Tauchern gegenüber sehr entgegenkommend. Bei vernünftigen Absprachen kann es durchaus auch mal sein, daß Taucher als Gegenleistung für eine Schiffsinspektion unter Wasser zu einem Kaffee an Bord eingeladen werden.

*Der Einstiegsplatz ist rechts vom Anleger. Dann taucht man unter dem An-
leger hindurch auf die Landspitze zu.*

Am Ostufer der Kieler Binnenförde empfiehlt sich
das Tauchrevier vor dem Strand von Mönkeberg.

Tauchgebiet *Mönkeberg*

Anfahrt Der Tauchplatz ist gut erreichbar durch die Ortschaft
Mönkeberg. Die Straße führt bis zum Strand und en-
det dort in einem Parkplatz. Mönkeberg ist kein
populärer Badestrand und erhebt auch keinen Anspruch darauf – deshalb hat man eigentlich immer
die Aussicht auf einen Parkplatz, es sei denn, die
Segler haben schon alles belegt. Für Busgruppen ist
der Parkplatz allerdings zu klein.

Das Tauchgebiet erstreckt sich zwischen dem Heiz-
kraftwerk und dem Dampferanleger gleichen namens
für die Fördeschiffe. Hier lag bis Ende des Krieges

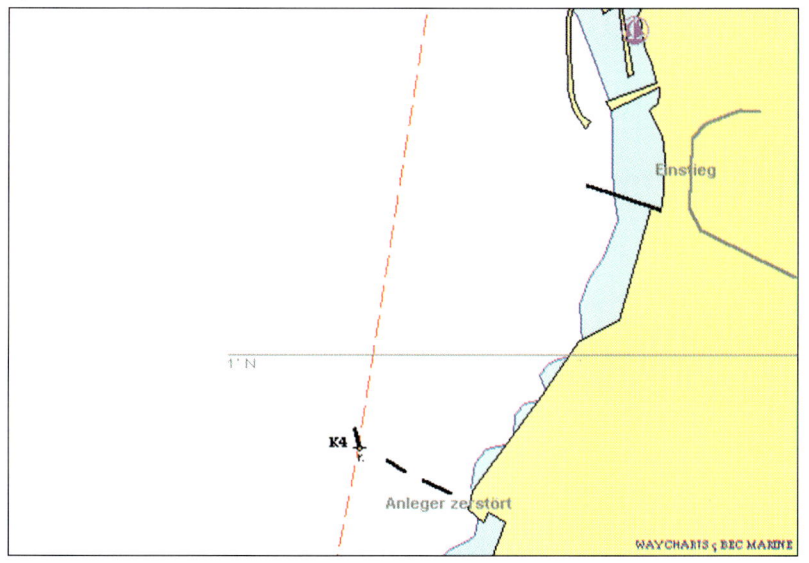

der Ölpier, an dem die Schiffe neues Öl bunkerten und altes entsorgten. Dieser Pier wurde – wie viele – nach dem Krieg gesprengt.

Flora und Fauna
Die Trümmer sind heute dicht bewachsen und ziehen allerlei Getier an, das sich zwischen den Steinen versteckt. Wer sorgfältig schaut, wird einige sehr schöne und große Exemplare der Seenelke entdecken können.

Einstieg
Der Einstieg liegt am Strand gleich rechts neben dem Dampferanleger. Zunächst taucht man am Anleger entlang und dann hindurch in Richtung auf die Tonne (Peilung 245°).

Der Tauchplatz liegt etwa 300 m vom Anleger entfernt. Bis zur deutlich sichtbaren roten Fahrrinnentonne muß man schon schnorcheln. Die tiefste Stelle liegt hier bei 14 m.

Der Strand links vom Anleger ist mittlerweile durch einen Zaun versperrt. Zusätzliche Orientierungshilfe bietet eine alte Stahltrosse am Boden, die sich von der Kaispitze bis zu den Trümmern erstreckt. Allerdings:

Sicherheits-hinweis Hände weg von den dort noch immer lagernden Munitionsresten!

Das Wrack der kleinen Betonschute vor Kitzeberg ist für Taucheinsteiger besonders gut geeignet.

Auf den ersten Blick erscheinen die Reste der Betonschute nur wie ein großer dicht bewachsener Brocken, dessen Spitze aus dem Wasser ragt.

Tauchgebiet *Kitzeberg*

Ein „kleiner Abenteuertauchplatz für Anfänger" sind die Reste der alten Betonschute, die nur knapp 70 m vom Ufer am Strand von Kitzeberg in bis zu 7 m Tiefe liegen. Bei Flachwasser ragen noch Teile des Betonsockels aus dem Wasser.

Anfahrt Kitzeberg am Ostufer der Förde erreicht man über die Bundesstraße nach Laboe. Gleich hinter dem Golfplatz biegt man in einer scharfen Kurve nach links vom Heikendorfer Weg in den Detlefskamp ein. Als Schönkamp führt er dann bis zum Strand hinunter.

Einstieg Der mit einer Gefahrentonne gekennzeichnete Tauchplatz liegt links neben dem Anleger für die Fördeschiffahrt. Parken kann man kostenlos direkt am kleinen (steinigen) Strand an der Straße Uhlenholt. Neben dem Fähranleger gibt es ein kleines Lokal für Pizza, Kaffee und Bier nach dem Tauchen.

Flora und Fauna   Die Reste der Schute sind dicht bewachsen. Miesmuscheln finden hier reichlich Nahrung. Vereinzelt trifft man auf Lachse, Plattfische und die immer seltener werdenden Aale.

Kurz nach dem Krieg versenkten hier die Schrottfischer all das, was sie wirklich nicht mehr gebrauchen konnten: eben Schrott jeder Art. Obwohl noch viel davon am Boden liegt, können auch Anfänger hier gefahrlos tauchen und an den Betonresten „herumklettern". Halb im Schlick verschwunden liegen dicht an der Schute noch die Reste einer alten Ankerkette.

Auf der Rückseite der Schute können auch Anfänger gefahrlos bis in den Laderaum hineintauchen.

Teile der Schute ragen bis kurz unter die Wasseroberfläche.

Sicherheits-hinweis Über die Wracktonne hinaus sollte man nicht tau-chen. Der Boden fällt hier ziemlich steil auf 10 m ab zur Fahrrinne für die Hafendampfer.

Wer vom Schlauchboot aus hier taucht, sollte das Boot unbedingt mit der Taucherflagge kennzeichnen, denn sonst rufen die Kapitäne der Hafendampfer so-fort über Funk die Wasserschutzpolizei.

Alles in allem ist Kitzeberg ein von Kiel aus leicht erreichbarer Tauchplatz, der sich besonders für An-fänger eignet, empfehlenswert bei Ostwind im Früh-jahr und Herbst. Im Sommer trüben hier Algen die Sicht auf Flossenlänge.

Vor dem blaugedeckten Haus befindet sich die Liege- und Picknickwiese. Davor ist vom Strand aus ein bequemer Einstieg möglich. Erkennbar ist im Flachwasserbereich die Abbruchkante mit den Resten eines alten Steges.

Tauchgebiet *Korügen*

Nur den berühmten „Katzensprung" entfernt liegt das Familienbad Möltenort, bekannt durch das U-Boot-Ehrenmal. Zwischen dem beliebten Strand und dem Campingplatz zur Rechten befindet sich das Tauchrevier Korügen.

Anfahrt Zu erreichen ist Korügen am einfachsten über die Bundesstraße 502 durch den Nachbarort Heikendorf. Gleich hinter dem Ort biegt man links in Richtung U-Boot-Ehrenmal ab. Über das Gewerbegebiet führt eine Teerstraße bis zur Buskurve. Hier biegt man rechts ab in Richtung Campingplatz.

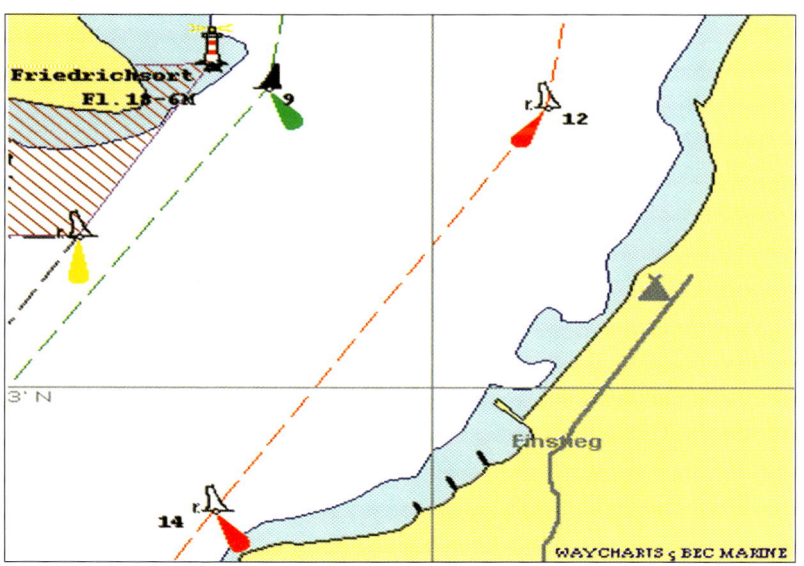

Parken direkt am Strand ist nicht möglich, und hier wird auch regelmäßig kontrolliert. Daher ist es ratsam, seine Ausrüstung am Strand abzuladen und den Wagen dann weiter oben im Buswendehammer oder auf dem neu eingerichteten öffentlichen Parkplatz abzustellen.

Das Tauchgebiet erstreckt sich vom Strand bis auf die Höhe des Campingplatzes. Zunächst fällt der Strand hier auf 2 m ab, dann kommt eine scharfe Abbruchkante mit 5 m bis 6 m nach einem Seegrasfeld. Von hier aus fällt das Gelände dann gemächlich auf 9 m bis 10 m ab.

Einstieg   Der Einstieg erfolgt von unterhalb der Parkbank auf einer Freifläche gleich neben dem Strand. Zunächst sollte man in Peilung auf den gegenüberliegenden Leuchtturm zu tauchen, dann etwa 90° nach rechts abknicken in Richtung auf die rote Fahrwassertonne zu. Jetzt taucht man parallel zum Ufer. Nach einem erneuten 90°-Knick taucht man auf das Ufer zu und dann entlang der Aufschüttung bis zum Ausgangspunkt.

Unterhalb des abgesperrten Geländes ragen große Trümmer in das Wasser. Sie stammen von der Aufschüttung des Geländes und einem zerstörten Anleger, der sich einst hier an der Spitze befand. Diese Betonklötze vermitteln bei entsprechendem Sonnenlicht einen bizarren Eindruck. Im Laufe der Jahre sind die Pfeiler schön bewachsen. Das Tauchen gilt hier als sehr entspannend und angenehm.

Flora und Fauna

Inmitten der großen Algenstränge tummeln sich oft Butt, Heringe und Wittlinge. In alten Autoreifen weit rechts am Grund „nisten" gerne Seehasen.

Für die Kieler Förde typisches Bodenleben.

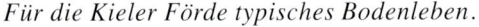

Ein Blick von Laboe in Richtung Stein.

Tauchgebiet *Laboe und Stein*

Weiter die Küste entlang über Laboe und Stein ist der Grund zwar sehr flach, aber auch nicht besonders interessant. Zu sehen gibt es hier nur ein paar verstreute große Steine.

Tauchgebiet *Hubertsberg*

Reizvoller wird es erst wieder in Hubertsberg Richtung Howachter Bucht bei Todendorf. Ein kleiner Sandweg führt direkt an den Strand.

Flora und Fauna In 7 bis 9 m Tiefe kann man bei genauem Hinsehen im Sandgrund häufig große Schollen finden.

Tips für Taucher

Service In Kiel gibt es drei Tauchschulen, bzw. -geschäfte und -basen. Der *H. & H. Tauchshop* von Joachim „Henri" Hendrich und Bruno Hahn ist Schule (CMAS/ DIWA), Basis, Shop und ein auf Tauchreisen spezialisiertes Reisebüro. Flaschen können hier während der Geschäftszeiten gefüllt werden.

Das gilt ebenfalls für den Laden von Heinz Bojahr. Jüngster im Bunde ist die Schule, verbunden mit einem Laden, von Oliver Wolf im Gewerbegebiet Friedrichsort.

Adressen H. & H. Tauchshop   Tel.: 0431-553344
Eckernförder Straße 76   Fax: 0431-553403
24116 Kiel

Heinz Bojahr   Tel.: 0431-547282
Holzkoppelweg 33
24118 Kiel

Oliver Wolf   Tel.: 0431-397781
Redderkoppel 11
24159 Kiel

Ausfahrten Von Strande aus kann man mit dem Kutter *Nordland* Tauchfahrten zu den bekannten Wracks in der Kieler Bucht unternehmen.

Adresse P. Pingel   Tel.: 04349-8343
Dänischhagener Straße 15
24229 Strande

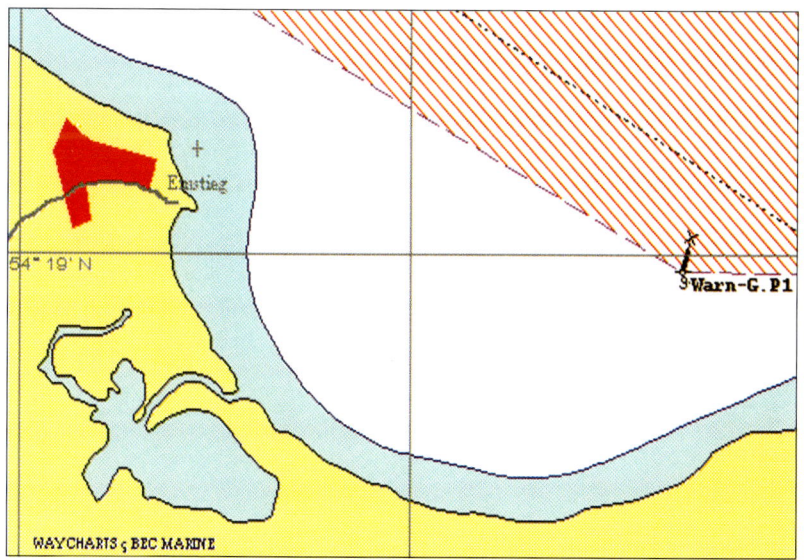

Tauchgebiet *Howacht*

Östlich der Kieler Förde in Richtung Fehmarn liegt die Howachter Bucht, ein sehr flaches Revier mit vereinzelt schön bewachsenen Steinen und gutem Fischbestand am Rande des als Sperrgebiet ausgewiesenen Schießplatzes der Bundeswehr in Todendorf. Die Bundeswehr schießt hier mit Luftabwehrgeschützen auf geschleppte Ziele über der See.

In Howacht hat kürzlich die Tauchbasis *Pirat* aufgemacht.

Anfahrt Zu erreichen ist die Basis auf der Landstraße von Lütjenburg nach Howacht. Im Ort selbst folgt man der Hauptstraße bis zu einem Rondell am Ende der Straße. Die Basis liegt dann nur noch 50 m vom Strand.

Flora und Fauna Die Howachter Bucht ist ein ideales Revier für Anfänger, denn alles spielt sich hier im Bereich bis 6 m ab. Getaucht wird meist vom Strand aus. Wie überall in diesem Küstenabschnitt dominieren die Seegraswiesen. Dazwischen verstreut liegen jede Menge Felsen und Muschelbänke. Zu sehen gibt es Plattfisch, Dorsch, vereinzelt auch Lachs.

Mehr in Richtung Sehlendorf und Steilküste liegt eine kleine Senke. Hier findet man die Reste einer alten Holzbrücke in ca. 12 m Tiefe. Mit dem Schlauchboot ist die Strecke in knapp fünf Minuten zu bewältigen.

Weil das Revier sehr flach ist, bietet sich die Howachter Bucht für Nachttauchgänge und Orientierungstauchgänge an.

Tips für Taucher

Service Die „Ostsee-Piraten" um Olaf Hutzfeldt bieten einen vollen Service. Flaschen können während der Saison täglich gefüllt werden. Ein Shop ist noch im Aufbau.

Ausbildung Geschult wird nach PADI. Leihausrüstungen stehen zur Verfügung.

Ausfahrten Für Ausfahrten und Schulungen gibt es ein 5 m langes Schlauchboot für 6 Taucher mit Fishfinder und GPS.

Seminare Im Winter werden auf der Basis verschiedene Seminare abgehalten.

Unterkunft Der Basis angeschlossen ist ein kleines Hotel. Auch Ferienwohnungen können vermittelt werden.

Adresse Tauchbasis Pirat   Tel.: 04381-40790
Olaf Hutzfeld   Fax: 04381-4079300
Strandstr. 8
24321 Howacht

Um Fehmarn

Der Campingplatz mit dem Waldpavillion als Ausgangspunkt und Einstieg für Tauchgänge bei Katharinenhof.

Deutschlands Sonneninsel in der Ostsee ist die Insel Fehmarn. Taucher zieht es meist in den kleinen Ort Katharinenhof, wobei Ort schon fast zuviel gesagt ist. Katharinenhof ist eine Ansammlung von einigen einzelnen Gehöften am Ende einer einsamen Straße gleich hinter dem Strand.

Tauchgebiet *Katharinenhof*

Anfahrt   Über die Vogelfluglinie kommt man nach Burg auf Fehmarn. Der kleine Ort ist sozusagen die Hauptstadt der Insel. Die Einfallstraße bringt einen geradewegs in das Ortszentrum mit der Einkaufsstraße. Am anderen Ende des Ortes weist ein Straßenschild

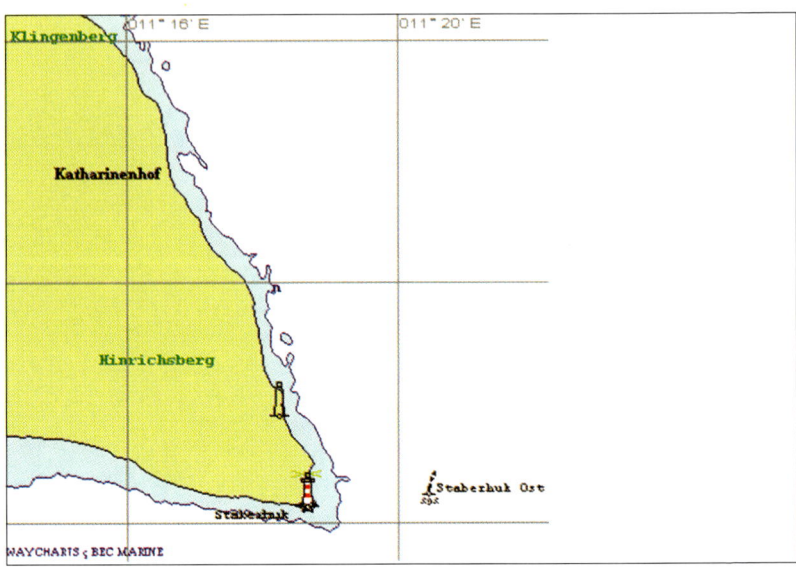

nach Katharinenhof. Vier Kilometer lang windet sich die kleine Landstraße bis zur Ostsee. Ganz am Ende der Straße, kurz vor dem letzten Campingplatz, liegt Katharinenhof mit der gleichnamigen Tauchbasis.

Das Tauchgebiet erstreckt sich rechts und links von Katharinenhof. Getaucht wird vom Boot oder aber auch rechtwinklig vom Strand aus.

Einstieg   Am Strand erfolgt der Einstieg gleich unterhalb des Lokals „Waldpavillon". Eher gemächlich fällt der Grund hier auf 8 m bis 9 m ab. Der Boden ist sehr steinig, weit verstreut türmen sich große Felsen auf. Einige von ihnen haben einen Durchmesser von gut 7 m. Dazwischen liegen immer wieder schöne Seegraswiesen, in denen sich zahlreiche kleine Fische tummeln.

Flora und-   Das ganze Jahr über trifft man hier auf Heringe,
Fauna   Hornhechte, Seenadeln und jede Menge Plattfische.
                    Im Sommer gehören auch Aale dazu. Der Herbst ist
                    dagegen die beste Zeit für Dorsch und Butt.

Hier bieten sich Nachttauchgänge an. Im Bereich zwischen 3 m und 5 m tummeln sich dann auch See-skorpione, Aalmuttern, Krabben und Krebse.
Vom „Waldpavillon" links in Richtung Klausdorf ertreckt sich das Gebiet etwa 800 m.

Wer rechts runter taucht in Richtung Staberhof und Staberhuk muß sich zunächst mit 3 m bis 4 m Tiefe begnügen. Aber auch hier liegen viele schön be-wachsene Felsen auf dem Grund.

Wrack   Nach knapp 400 m in dieser Tiefe stößt man auf ei-
                    nige Wrackteile. Sie sollen von einem Torpedo-
                    fangschiff aus dem Zweiten Weltkrieg stammen.
                    Wann das Schiff wie untergegangen ist, weiß heute
                    keiner mehr so recht. Es ist einfach da, bzw. die
                    Überreste: Geländerteile, ein Stück Schornstein und
                    Teile des Bugs. Die Wrackteile liegen etwa 250 m
                    vom Ufer entfernt.

Ein Sandweg führt bis zur alten Marineanlage direkt am Strand.

Tauchgebiet *Staberhuk*

Anfahrt Kurz vor Katharinenhof geht es rechts ab von der Landstraße zum Marinestützpunkt am Turm. Es ist die einzige Abzweigung, die in die Siedlung Meeschendorf (1 km) führt und deshalb nicht zu verfehlen. Über Haberdorf kommt man nach Staberhuk.

Das Tauchrevier erstreckt sich zwischen dem Turm und der Landspitze von Staberhuk. Parken kann man auch hier direkt am Strand.

Die Tiefen liegen im Bereich bis 10 m. Der Fischbestand ist nicht ganz so gut. Dafür entschädigt die Unterwasserlandschaft am Turm mit ihren großen Felsen.

Von Staberhuk aus läuft ein Steinwall bis zur Gefahrentonne. Es lohnt sich, daran entlang zu tauchen.

Leuchtturm Staberhuk mit dem Tauchgebiet um die Landspitze herum.

Vereinzelt stößt man hier immer wieder auf alte Wrackteile. Bei jedem Sturm – und im Winter sind das nicht wenige – wird etwas freigespült. Mal ist es ein alter Anker, vielleicht auch nur ein Stück Reling.

Flora und Fauna

Staberhuk gehört nach Ansicht von Hans Christian Tietgen, der die *Tauchbasis Katharinenhof* betreibt, zu den wohl schönsten Tauchgründen der Insel.

Zwischen den großen Felsen bis 10 m Tiefe ist die Fischvielfalt groß; Aale, Butt, Dorsch, vereinzelt auch Meerforellen.

Sicherheitshinweis

Nachteilig ist die manchmal sehr extreme Strömung bei westlichen Winden. Es ist deshalb immer ratsam, ein Boot dabei zu haben, das einen wieder aufnehmen kann. Selbst wenn die Oberfläche ruhig aussieht, kann es schon wenige Meter unter dem Wasserspiegel ganz anders aussehen. Wenn es „strömt", dann strömt es immer seewärts, also landab. Ein Gegenschwimmen ist praktisch ausgeschlossen.

Ein Survival-Ballon gehört deshalb bei jedem Tauchgang hier unbedingt zur Ausrüstung. Erfahrene Taucher können hier allerdings das „Fliegen" lernen, wenn sie Strömung richtig zu nehmen wissen. Die Gefahrentonne liegt rund 1000 m von Staberhuk entfernt.

Tauchgebiet *Meeschendorf*

Anfahrt Bei Meeschendorf zwischen Burg und Staberhuk, von dem ja schon einmal die Rede war, kann man bis zum Parkplatz beim Campingplatz „Europa" direkt bis an das Wasser fahren. Der Grund fällt hier sehr flach auf 4 m bis 5 m ab.

Flora und Fauna Zu sehen gibt es vor allem ausgedehnte Seegraswiesen, die vielen Kleinfischen Schutz gewähren. Verstreut zwischen den Seegraswiesen liegen große Steinplattformen. Wo sie ausgewaschen wurden und abgebrochen sind, bilden sie kleine „Canyons" von bizarrer Schönheit.

Erkennbar ist auch der Parkplatz, von dem aus man in diesem Bereich tauchen kann in Richtung auf den Pfahl und entlang der Küste.

Tauchgebiet *Westermarkelsdorf*

Bei starkem Ostwind muß man auf die gegenüberliegende Inselseite ausweichen. Das Ziel heißt dann Westermarkelsdorf. Auch hier kann man bis an den Deich heranfahren. Verfahren kann man sich nicht – bei nur einer Straße.

Flora und Fauna

Das Wasser ist hier bedeutend flacher und selten tiefer als 3 m bis 4 m. Der Grund ist am ehestens mit

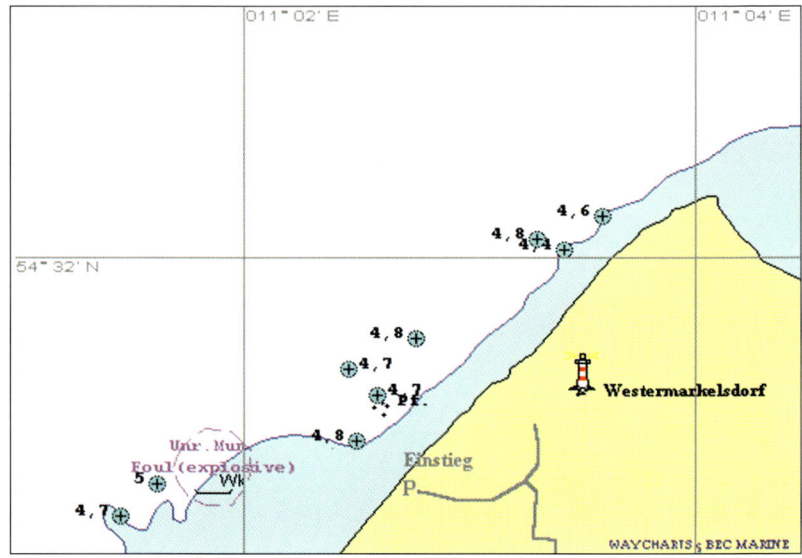

„durchwachsen" zu beschreiben: Steine, Kiesel und Sand, dazwischen Bewuchs. Im Vergleich zu Staberhuk kann dieser Tauchplatz aber nur als eine Notlösung mit schönen Stellen bezeichnet werden.

Tiefe   Alle Tauchgebiete um Fehmarn liegen in einer Flachwasserzone bis 7 m. Diese Zonen reichen bis weit in die See hinaus. Tiefere Gebiete können damit nur schwer von Land aus erreicht werden. Gerade in diesen flachen Bereichen kann man aber viele Formen unterschiedlichen Lebens beobachten. Die einzige Möglichkeit, tiefer zu tauchen, bietet sich unterhalb des Fehmarnsund.

Das Vogelschutzgebiet bei Westermarkelsdorf ist allerdings auch für Taucher gesperrt.

Der Fehmarnsund in seiner ganzen Breite. Getaucht wird in der Regel von der Fehmarn-Seite aus von der Landspitze eben unterhalb der Brücke.

Tauchgebiet *Fehmarnsund*

Einen schon fast legendären – eher aber zweifelhaften – Ruf bei Tauchern hat der Fehmarnsund unterhalb der Brücke der Vogelfluglinie. Getaucht wird hier meist von der Fehmarn-Seite aus.

Anfahrt Der Parkplatz unterhalb der Brücke ist am einfachsten über Strukkamp oder Burg-Wulfen und die Belitzwerft zu erreichen. Vom Parkplatz aus kann man einsteigen.

Auffallend sind die ausgedehnten Muschelbänke. Außerdem kann man hier vieles von dem finden, was von den vorbeifahrenden Schiffen über Bord geworfen worden ist – um es einmal vorsichtig auszu-

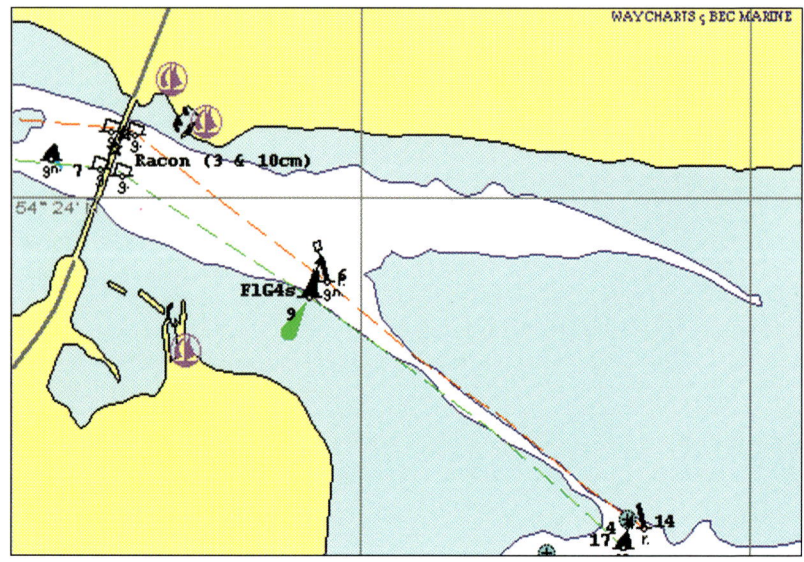

drücken. Auch beim Bau der Brücke ging seinerzeit viel „über Bord" – manche würden allerdings sagen, es wurde kostengünstig entsorgt. Sicher findet man den einen oder anderen Anker, aber auch Geländerteile, Leitern und ähnliches. Vor einiger Zeit bargen Taucher hier sogar einen alten verrosteten Tresor. Bis zur Fahrrinne geht es auf ungefähr 10 m ab.

Sicherheits- Der angesprochene Ruf des Fehmarnsund beruht auf
hinweis der oft extremen Strömung. Dieser Tauchplatz ist deshalb nur etwas für wirklich erfahrene Taucher bei entsprechender Sicherung durch ein Boot.

Auch wenn es nur knapp 1000 m bis zum anderen Ufer sind – einheimische Taucher warnen davor, die Fahrrinne zu durchtauchen, denn die Rinne selbst ist nicht viel tiefer und der Schiffsverkehr erheblich.

Wrack   Obwohl gerade um Fehmarn viele Schiffe havariert
und untergegangen sind, gibt es nur wenige lohnende
Wracks, die angefahren werden. Beliebtes Ziel ist der
untergegangene Fischkutter *Heimwärts HEIL 34* aus
Heiligenhafen (N 54° 21.28' / E 01° 23.35'). Am 1.
Oktober 1969 schlug er nach einem Bugschaden leck
und sank innerhalb von Minuten.

Zu sehen sind noch Teile der Aufbauten des auf
ebenen Kiel abgesackten Bootes. Im Laufe der Jahre
sind immer wieder Fischer mit ihren Schleppnetzen
an dem Wrack hängengeblieben. Diese mußten dann
gekappt werden. Sie verleihen den Resten der *Heimwärts* eine fast gespenstische Hülle in 23 m Tiefe.

Sicht   Wer hier taucht, muß im Sommer mit Sichtweiten
von nur 1 m rechnen. Schuld daran sind die Algen
und Schwebteilchen. Im Frühjahr und Herbst dagegen kann man bei der *Heimwärts* von 3 m bis 4 m
Sicht ausgehen. Im Bereich bis 10 m Tiefe liegt die
Sicht generell um Fehmarn im Sommer bei etwa 8
m, im Frühjahr und Herbst kann sie auch 20 m be-
tragen. Zwischen 10 m und 15 m wird Fehmarn zudem von einer Art Schlickgürtel umgeben.

Tauchgebiet *Flügger Sandbank*

Ein Tauchgebiet noch zum Schluß: Im Südwesten
der Insel liegt die Flügger Sandbank, ein Flachwas-
serrevier. Hier, so sagt man, sei im Zweiten Weltkrieg ein Flugzeug beim Anflug auf Großenbrode
abgeschossen worden. Sein Wrack soll noch immer
in 5 m bis 6 m Tiefe liegen – nur in den gängigen
Karten ist es nicht eingezeichnet. Es soll aber Taucher geben, die es schon gesehen haben ...

Tips für Taucher

Service   Hans Christian Tietgen betreibt die *Tauchbasis Katharinenhof*. Angeschlossen ist ein kleiner Shop und
eine Füllstation, die täglich geöffnet ist, ab Ostern
bis Ende Oktober 9 bis 20 Uhr oder nach Absprache.
Leihausrüstungen stehen zur Verfügung.

Ausbildung   Geschult wird hier nach PADI bis zum Dive Master.

Ausfahrten   In der Saison werden regelmäßig Tauchfahrten durchgeführt – entweder als Kurztrip für einige Stunden
oder als Tagesausflug. Dafür stehen ein 6 m langes
Boot und ein großer Katamaran zur Verfügung. Die
Boote liegen im Sommer meistens im Hafen von
Burgstaaken, nur wenige Autominuten von der Basis
entfernt.

Unterkunft   Teil der Basis ist ein Komplex mit Ferienwohnungen. Gleich nebenan auf dem Campingplatz kann
man auch Wohnwagen mieten.

Adresse   Tauchbasis Katharinenhof   Tel.:   04371-5493
Hans Christian Tietgen   Fax: 04371-6468
Dorfstr. 27
23769 Fehmarn

•

Service   Die *Tauchschule Calypso* ist von April bis Ende Oktober geöffnet. Kompressor und Leihausrüstungen
sind vorhanden.

Ausbildung   Ausgebildet wird nach PADI bis zum Dive Master;
Spezialkurse und Schnuppertauchen.

Ausfahrten   Bootstauchgänge vom Schlauchboot oder mit einer
17,5 m Segelyacht in Tages- und Wochenendtörns.

Adresse   Tauchschule Calypso   Tel.: 04371-6341
                Ulrich Bauer   0172-2816284
                Frank Pieplak   Fax: 04371-6341
                Camping Wulfener Hals
                23769 Wulfen/Fehmarn

●

Service   Über einen Kompressor verfügt auch MiraMar, der
                erste Campingplatz ca. 1,5 Km von der Fehmarn-
                sund Brücke entfernt. Füllungen nach Absprache.

                Heinrich Klahn   Tel.: 04371-3220
                                             oder   04371-2221

●

Ausfahrten Mit seinem alten Zweimaster *Pegasus* veranstaltet
                Klaus Gebauer Tages-Tauchfahrten für kleine Grup-
                pen bis zu 4 Leuten. Seine Spezialität sind Schlepp-
                tauchgänge im Strömungsgewässer unter dem Sund.

Adresse   Wassersportschule Baltic   Tel.: 04372-404
                Klaus Gebauer
                23769 Sulsdorf/Fehmarn

●

Ausfahrten Von Heiligenhafen aus bietet die *Segelschule Reese*
                Tauchfahrten mit der Ketsch *Alte Liebe* an.

Adresse   Segelschule Reese   Tel.: 04362-2302
                Rügenwalder Straße 13
                23774 Heiligenhafen

Lübecker Bucht

Der Hafen von Neustadt.

Bei der Lübecker Bucht denkt man zunächst an die feinsandigen Strände zwischen Travemünde und Fehmarn. Für Taucher ist die Bucht bislang wenig erschlossen. Dabei gibt es gerade hier noch viel zu entdecken. Das liegt zum einen daran, daß die einstige DDR-Seegrenze scharf überwacht wurde und jeder Bootsverkehr nahe der in der Mitte der Bucht verlaufenen Grenze deshalb von vornherein „suspekt" war. Zum anderen hängt die Sicht unter Wasser sehr von der Windrichtung ab. Die Bucht ist relativ flach. Weht ein kräftiger, auflandiger Wind aus östlicher Richtung, wirbeln die Wellen schnell so viele Kleinteile vom Meeresgrund auf, daß man „die Hand nicht mehr vor Augen" sieht. Bei ablandigem Wind allerdings erschließen sich wahre Paradiese.

*Von Brodten aus führt ein einsamer Weg zum Steilufer. Getaucht wir ent-
weder entlang des Strandes oder in Richtung auf die Tonne Brodten Ost
weiter draußen bei der Fahrrinne.*

Tauchgebiet *Brodten*

Anfahrt   Kurz hinter Travemünde liegt das Brodtener Steilufer. Gleich hinter dem Ortsausgang des kleinen Ortes Brodten führt ein Sandweg zum Steilufer und
zum Strand.

Flora und   Das Wasser ist hier mit maximal 5 m sehr flach. Der
Fauna   natürliche Untergrund allerdings ist wunderschön.
Mit Muscheln dicht bewachsene große Steine liegen
verstreut auf dem Lehmgrund. Strömung und Wellen
haben tiefe Furchen in den Grund gewaschen. Das
Ergebnis ist eine Landschaft mit einem eigentümli-
chen Reiz. In diesen Furchen tummeln sich gerne
Grundeln. Wenn man etwas tiefer raustaucht – nahe
der 10 m Grenze –, findet man auch Seehasen.

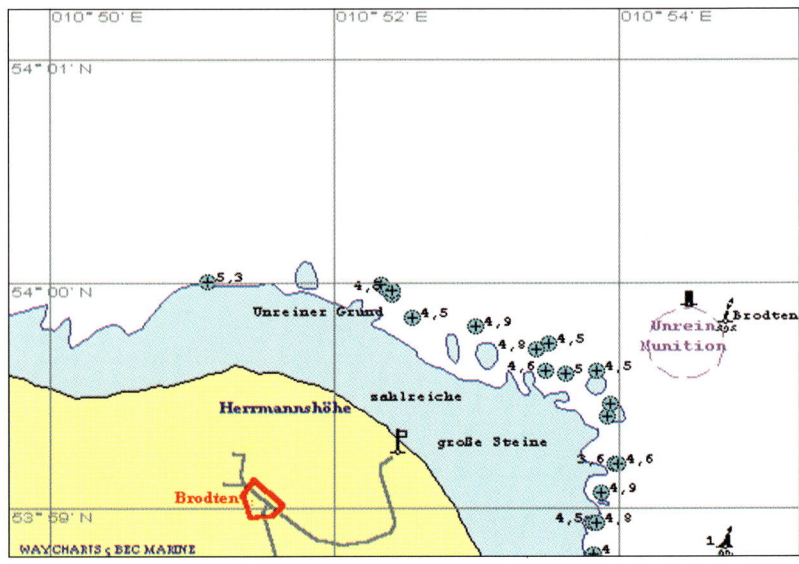

Tauchgebiet *Brodten Riff*

Etwas weiter draußen – rund 2 km vom Ufer – liegt
das Brodten Riff. Um es zu erreichen, braucht man
allerdings ein Boot. Gekennzeichnet ist das Riff
durch eine Untiefentonne. Die Wassertiefe liegt hier
bei 10 m. Das Riff selbst besteht aus riesigen, auf-
einanderliegenden Steinen. Sie bilden eine Art 5 m
hohen Wall unter Wasser. Dieser Wall ist üppig mit
Muscheln bewachsen.

**Flora und
Fauna**

Zwischendurch erstrecken sich ausgedehnte Seegraswiesen. Riffbarsche – oder Lippfische – sind hier das
ganze Jahr über anzutreffen. Besonders im Frühjahr
geben sich hier die Seehasen ein Stelldichein.

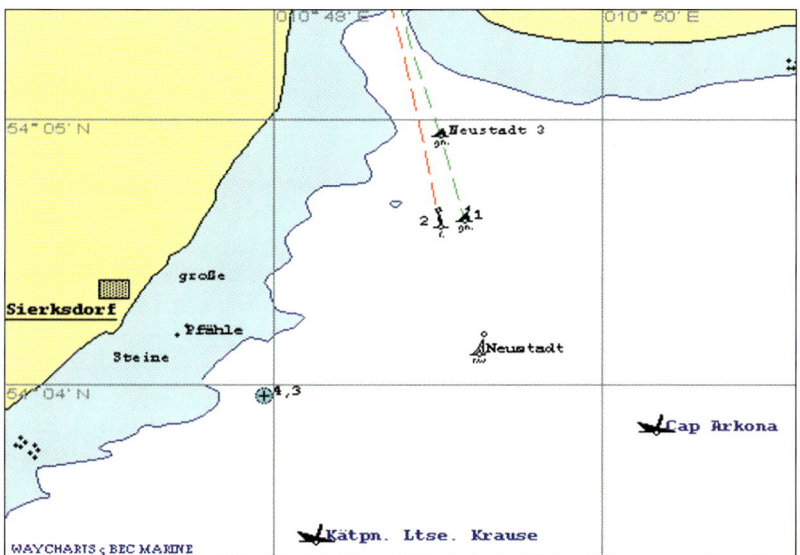

Tauchgebiet *Cap Arcona*

Etwa 1,5 km vor dem Feriendorf Sierksdorf liegt ein Tauchgebiet, das allgemein als „Position Cap Arcona" (N 54° 03.57' / E 10° 50.39') bekannt ist.

Die Bezeichnung geht auf eine Wracktonne mit der Aufschrift „Cap Arcona" zurück. An dieser Stelle ging am 3. Mai 1945 das gleichnamige Schiff durch einen Angriff britischer Bomber unter. An Bord des 27 561 Bruttoregistertonnen großen Luxusdampfers *Cap Arcona* befanden sich rund 7500 Menschen, weitere 2800 auf der bei dem Angriff ebenfalls untergegangenen *Thielbek* und 2000 auf der sie begleitenden *Athen*. Zum größten Teil waren es Häftlinge aus dem Konzentrationslager Neuengamme bei Hamburg. Heute erinnern Ehrenfriedhöfe und Mahnmale an die Tragödie jener Tage, bei der mindestens 8000 Menschen starben.

Von der *Cap Arcona* selbst ist heute fast nichts mehr zu finden. Das Wrack ragte, auf der Seite liegend, nach dem Untergang mit den obersten Aufbauten noch aus dem Wasser. In der „wilden Schrottzeit" der ersten Nachkriegsjahre wurde die *Cap Arcona* systematisch zerlegt und abgeborgen. Nur noch einige Bodenteile liegen verstreut auf dem Grund. Später versenkte die Bundesmarine in der Nähe die *Lotsenkommodore Krause*, ein kleines Schiff aus den fünfziger Jahren. Jahrelang wurde dieses Wrack von Bundeswehrtauchern für Sprengübungen genutzt.

Die Reste des alten Lotsenbootes liegen genau an der Abbruchkante, wo es von 10 m auf 18 m geht. Am einfachsten zu finden ist das Wrack, wenn man von der Tonne die drei Hochhäuser von Sierksdorf anpeilt und dann Richtung Strand taucht. Der Untergrund bei der Tonne ist sehr weich und schlammig. Deshalb sollte sich jeder Taucher so austarieren, daß er immer mindestens 1 m über dem Boden bleibt und keinen Dreck aufwirbelt.

Das Tauchen an dieser Gedenkstätte ist nicht unumstritten. Wenn getaucht wird, sollte nichts geborgen werden. Das gilt nicht nur für Gerät, sondern vor allem für Schädel und menschliche Überreste. Sie sollten in jedem Fall auf dem Meeresgrund bleiben. Bei einigen Teilen (so den Resten eines Rettungsbootes) liegen Eigentumsansprüche vor. Zuwiderhandlungen können eine Anzeige nach sich ziehen.

*Von weit her erkennbar sind die drei Hochhäuser des Ferienparks Sierks-
dorf mit dem dahinter liegenden Hansaland.*

Tauchgebiet *Sierksdorf*

Ein weiteres Tauchgebiet ist Sierksdorf, das praktisch schon im Ausgang der Neustädter Bucht liegt.

Einstig   Der Einstieg erfolgt unweit des Leuchtturmes Pel-
zerhaken. In der Nähe der rotweißen Tonne befindet
sich eine kleine Steilküste mit üppigen Seegraswiesen in einer Tiefe von 6 m bis 7 m.

Hier zu tauchen lohnt allerdings nur bei ablandigem
Wind, dann hat man beste Sicht. Bei auflandigem
Wind ist sie hingegen gleich „null".

Zu erkennen ist der Parkplatz am Strand. Im Hintergrund der Leuchtturm. Vom Strand aus erstreckt sich ein Flachwasserbereich bis zur Tonne.

Tauchgebiet *Schwarzer Grund*

Auf halben Weg zwischen Neustadt und Fehmarn liegt Dahmeshöved und der „Schwarze Grund".

Einstieg
Der „Schwarze Grund" ist eine Untiefe, die sich wie ein Finger vom Leuchtfeuer aus in die Ostsee erstreckt. Das Ende des „Grundes" ist durch eine Tonne markiert. Zwischen Leuchtturm und Tonne haben wir in diesem Bereich eine Wassertiefe von nicht einmal 5 m. Um den „Finger" herum liegt die Tiefe bei 10 m bis 11 m. Der Untergrund ist – wie in weiten Teilen der Lübecker Bucht – sehr steinig und ähnelt dem bei Brodten Riff.

Flora und Fauna
Auf den hier noch intakten Miesmuschelbänken haben sich bis zu 70 Lebensarten angesiedelt.

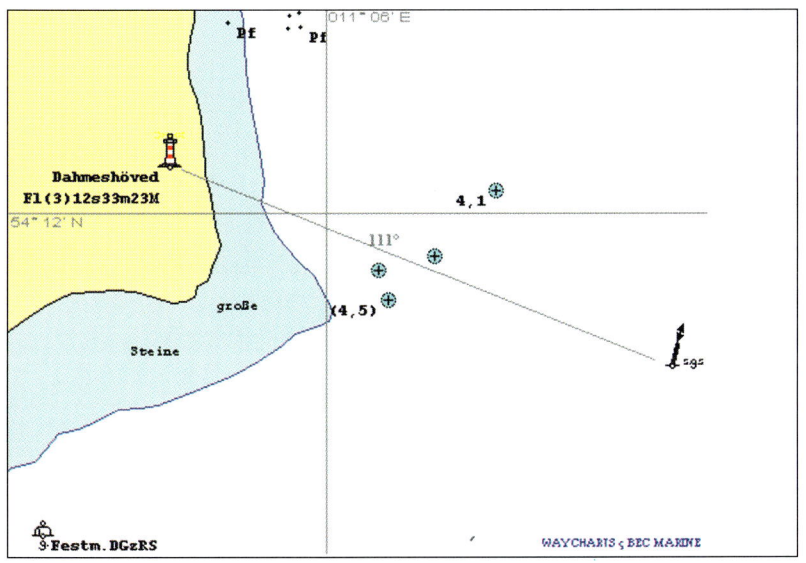

Tauchgebiet *Walkyrien Grund*

Auch nur mit dem Boot von Heiligenhafen, Grömitz, oder Neustadt zu erreichen ist der „Walkyrien Grund" 3 Seemeilen vor Grömitz.

Wrack
Der Grund erhebt sich wie ein Plateau aus 22 m Tiefe. Das Plateau selbst ist stellenweise nur noch 6 m unter der Wasseroberfläche. Auf diesem Plateau liegen die Reste – Stahl und Holzteile – eines Wracks wahrscheinlich der Kaiserlichen Deutschen Marine. Welches Schiff hier wann unterging, weiß heute niemand mehr. Auf den offiziellen Karten ist zwar die Untiefe, nicht aber das Wrack vermerkt. Beliebt ist der Grund, weil Taucher hier immer wieder „fündig" werden. Jegliche Funde sollten aber bitte unberührt dort belassen werden.

Das gesamte Tauchgebiet vom Anleger entlang des Strandes und der Mole bis zur Hafeneinfahrt.

Tauchgebiet *Großenbrode*

Bekannt geworden ist Großenbrode am Ausgang der Lübecker Bucht als Fährhafen für die Dänemark-Fähren, bevor die Fehmarnsund-Brücke errichtet wurde. Heute fristet Großenbrode ein eher bescheidenes Dasein abseits der Vogelfluglinie.

Interessant für Taucher ist die alte Spundwand, die dem Hafenbecken seinerzeit Schutz bei Ostwind bot. Im Laufe der Jahre haben die Ostsee und der Rost der Wand arg zugesetzt und Lücken gerissen.

Tauchen kann man von Land aus entlang der Außenseite der Mole in einer Tiefe von noch nicht einmal 6 m. An der Ostmole aus Steinen liegt am südlichsten Punkt ein schönes Riff, das sich bis zum Eisenpfahl erstreckt.

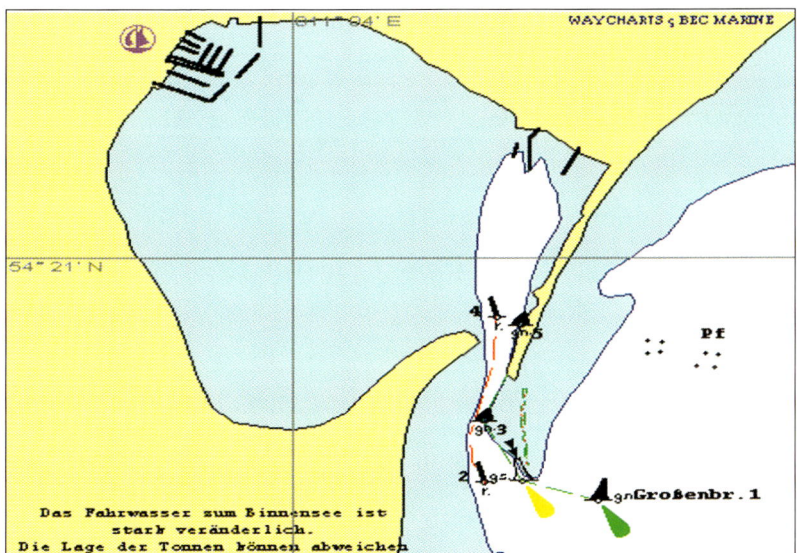

Sicherheits- Achtung: Nicht ins Fahrwasser tauchen, da hier zeit-
hinweis weise reger Schiffsverkehr herrscht.

Am Ende der Spundwand stehen zwei Tonnen, die
die Hafeneinfahrt markieren. Das Fahrwasser zum
Großenbroder Binnensee ist häufigen Änderungen
unterworfen. Aus diesem Grund werden die Tonnen
auch von Zeit zu Zeit versetzt. Orientieren sollte
man sich deshalb lieber an der Spundwand als an den
Tonnen, wenn man nicht in das Fahrwasser hin-
eingeraten will. Der Untergrund ist angenehm sauber
und fest.

Zwischen den Tonnen Großenbrode 1 und 3 sollen
noch die Reste eines kleinen Fischerbootes liegen.

Tips für Taucher

Service In der *Tauchschule Nord* von Fred Turowski kann man sich auch die Flaschen füllen lassen, Händler und Shop sind *Schefferling Tauchsport* und *Barsch Tauchertreff.*

Adresse Tauchschule Nord   Tel.: 0451-63045
Fred Turowski
Grootkoppel 29
23556 Lübeck

•

Adresse Schefferling Tauchsport   Tel.: 0451-8799620
Taschenmacher Str. 2   Fax: 0451-8799670
23556 Lübeck

•

Adresse Barsch Tauchertreff Lübeck   Tel.: 0451-478340
Gothlandstr. 13
23558 Lübeck

•

Service Direkt an der A1 – Abfahrt Seeretz, betreibt Ingo Behrens die Basis der *Ostsee-Taucher* in Bad Schwartau.

Ausbildung Geschult wird nach CMSA.

Ausfahrten In Neustadt liegt die *Saparua,* ein mit moderner Technik und 2 Schlauchbooten ausgestatteter Kutter.

Unterkunft Übernachtungsmöglichkeiten auch für längeren Aufenthalt werden vermittelt.

Adresse Ostsee-Taucher   Tel.: 0451-23358
Ingo Behrens   Fax: 0451-23697
Kaltenhöfer Str. 85
23611 Bad Schwartau

Seenelke und Miesmuscheln.

Sehenswertes am Rande
... nicht nur für Taucher

Blick auf das Ostufer des Flensburger Hafens mit der St. Jürgen Kirche.

Einen Tauchurlaub in Schleswig Holstein sollte man immer auch mit einem Besuch der Sehenswürdigkeiten am Rande verbinden – und dies nicht nur aus Rücksicht auf die nichttauchenden Partner. Es bietet sich einfach an, denn selten wird man länger als eine Stunde von seinem Quartier aus zum Tauchplatz fahren – es sei denn, man wohnt an der Lübecker Bucht und möchte in Flensburg tauchen.

Deshalb sollen hier einige dieser Sehenswürdigkeiten erwähnt werden. Daß die Liste nicht vollständig ist, liegt auf der Hand – schließlich nimmt dieses Buch nicht für sich in Anspruch, ein Reiseführer zu sein.

Flensburg

„Wo die Ostsee am schönsten ist, da liegt Flensburg" – sagen die Flensburger über ihre Stadt an der dänischen Grenze. Sie schwärmen von sauberer Luft über sanften Hügeln mit Buchenwäldern, Wiesen und Apfelgärten, blühendem Raps und wogendem Korn, eingebettet die 34 km lange Flensburger Förde, die zu den dänischen Inseln führt. Flensburg ist allerdings mehr als die 700 Jahre alte Hafenstadt am Ende der Förde und Standort der „Sünderkartei" des Kraftfahrtbundesamtes. Richtig berühmt wurde es durch den Rum, der seit 1755 durch das Privileg des dänischen Königs von Westindien nach Flensburg gelangte. Überhaupt ist Deutschlands nördlichste Stadt auch heute noch eine Stadt mit „zwei Gesichtern", ist Flensburg doch über 400 Jahre von der dänischen Krone regiert worden. Die Dänen bezeichnen diesen Charme als „hyggelig". Übersetzen läßt sich dies vielleicht mit „anheimelnd" oder noch schlichter ausgedrückt mit „gemütlich".

Deutsch-dänisch geht es deshalb auch in Flensburgs Einkaufsmeile in der historischen Altstadt zwischen Roter Straße und Nordertor zu. 200 Jahre lang

Am Hafen und in der Innenstadt bietet Flensburg eine Vielfalt an gemütlichen Restaurants und Kneipen.

war das Nordertor die Nordgrenze der Stadt, hinter der heute die Neustadt liegt. Eigentlich ist hier immer was los. Geprägt wird die „Shopping-Meile" vor allem durch die Vielzahl der kleineren Einzelhandelsgeschäfte neben den Kaufhäusern und den überdachten Passagen.

Die eigentliche Entdeckungsreise aber beginnt erst in den rechts und links liegenden kleinen romantischen Höfen mit Antiquitäten, Kunst- oder Trödlerläden. Wie nur wenige Städte Deutschlands hat es Flensburg verstanden, sich diese einstigen Hinterhöfe zu erschließen. Hier wandelt man, wie es der Flensburger Stadtführer ausdrückt, „auf den Spuren der Kapitäne und Kaufleute" nach dem Motto „Neues Leben in alten Höfen". Der Künstlerhof, der Brasseriehof, der Norwegerhof, der Blumenhof, der Krusehof und der Weinhof sind die besten Beispiele für diesen Ausdruck eines ganz anderen Lebensgefühls.

Wenn Flensburger sich selbst beschreiben, dann geht das vielleicht so: „Wenn neben Ihnen jemand auf norwegisch bestellt oder mit dänischen Kronen bezahlt und das Wechselgeld ganz nach Wunsch Deutsch oder Dänisch ist, dann wissen Sie, Sie sind in Flensburg."

Da wundert man sich wenig, wenn in diesen Hinterhöfen natürlich auch das Nachtleben blüht. Ein „Nachtleben" wie in Berlin, Frankfurt, Hamburg oder München kann man natürlich nicht erwarten – dafür aber viele noch urige Kneipen, Restaurants und Gaststätten für jeden Geschmack und Geldbeutel.

Wer eine maritime Ader hat, sollte sich in jedem Fall Zeit für den Flensburger Hafen nehmen. Das Schiffahrtsmuseum, die Museumswerft für historische Segelschiffe und der Museumshafen mit den restaurierten Seglern und den alten Fördedampfern sind mehr als nur ein Motiv. Besonders wenn die schmucke *Alexandra* mit rauchendem Schornstein durch die Förde stampft, werden bei vielen Besuchern Erinnerungen wach.

Der Fördedampfer „Alexandra" im Flensburger Hafen.

Auf der Museumswerft wird traditionelles Handwerk gepflegt und öffentlich dargestellt.

Werftschmied Carsten Gäde fertigt Schiffs- und Mastbeschläge.

Ein Arbeitsboot von 1890 wird auf der Museumswerft originalgetreu nachgebaut.

Königstreu waren die Flensburger nie so richtig. Dafür aber haben sie gleich drei Schlösser in ihrer näheren Umgebung. Das Glücksburger Wasserschloß wird nicht ohne Grund als Wiege der europäischen Königshäuser bezeichnet – schließlich waren hier die Herzöge von Schleswig Holstein zu Hause. In Gravenstein steht Schloß und Sommersitz der dänischen Königsfamilie und in Sønderborg das malerisch gelegene Schloß am Eingang zum Alsen-Sund. Ob mit dem Ausflugsdampfer oder dem Fahrrad, ein Ausflug in die Flensburger Umgebung lohnt immer.

Da ist zum Beispiel der Scheersberg mit seinen 70 m Höhe. Er liegt mitten in der Landschaft Angeln bei der Ortschaft Quern. Dort steht der fast 30 m hohe „Bismarckturm" aus dem Jahre 1903. Von hier aus hat man an klaren Tagen einen Blick von der Flensburger Außenförde bis zu den dänischen Inseln, über die Geltinger Bucht bis auf die Ostsee und Flensburg.

Nähere Informationen und einen Übernachtungsnachweis bekommt man beim Verkehrsverein.

Verkehrsverein für Flensburg und Umgebung e.V.
Speicherlinie 40   Tel.: 0461-23090
Amalie-Lamp-Speicher   Fax: 0461-17352
24937 Flensburg

Den Spaß einer Ausflugsfahrt mit dem Schiff sollte man sich nicht entgehen lassen.

Schleswig

Blick auf den St. Petri Dom in Schleswig.

Zwischen Flensburg und Eckernförde liegt das historische Schleswig. Die Stadt an der Schlei ist zwar kein Tauchrevier, von beiden Orten aber gleich gut zu erreichen und mehr als einen Besuch wert. Schon von weitem erhebt sich der mächtige Turm des St. Petri Domes. Bekannt ist der Dom durch seine Kunstschätze wie den Brüggemann-Altar mit seinen meisterhaften Schnitzereien. Um ihn herum findet man die Altstadt und die alte Fischersiedlung auf dem Holm. Hier scheint die Zeit stehengeblieben zu sein wie in einem Freilichtmuseum.

Lange bevor Hansestädte wie Lübeck oder Hamburg überhaupt eine Rolle spielten, war Schleswig das Zentrum des Handels im Ostseeraum. Der Dom und das ehemalige Graukloster der Franziskaner zeugen von dieser Blütezeit. Einst prächtige Residenz der Gottorfer Herzöge, ist das Schloß heute eines der schönsten Museen Schleswig Holsteins. Besondere Aufmerksamkeit verdienen die Moorfunde der Eisenzeit mit den Moorleichen und den Booten der Wikinger.

Eben vor den Toren der Stadt liegt Haithabu, die Vorgängersiedlung Schleswigs, wie jeder Schüler im Heimatkundeunterricht lernt. In der Wikingerzeit war Haithabu der wichtigste Handelsplatz Nordeuropas. Noch heute zeugt ein mächtiger Halbkreiswall von der Größe und Bedeutung des Ortes. Wie die Wikinger lebten, veranschaulicht das Wikinger Museum Haithabu. Denn die Nordmänner des 9. Jahrhunderts waren mehr als die gefürchteten Krieger. Auch als Handwerker, Bauern, Künstler, Tischler und Bootsbauer taten sich die Wikinger hervor.

Schloß Gottorf zählt zu den schönsten Museen Schleswig Holsteins.

Die alte Fischersiedlung Holm.

Friedhof auf dem Holm.

Höhepunkt des Museums ist sicherlich die Schiffs-
halle mit einem Wikinger-Kriegsschiff, das 1979 aus
dem Hafen der Siedlung Haithabu geborgen wurde.
Das Museum selbst besteht aus sieben wabenförmi-
gen Einzelhäusern, die den Schiffsrümpfen der Wi-
kingerboote nachempfunden sind.

Wer mehr wissen möchte, wende sich an die Touristinformation Schleswig.

Touristinformation Schleswig
Plessenstraße 7   Tel.: 04621-24878
24837 Schleswig
                   Buchungen: Tel.: 04621-24832
                                 Fax: 04621-2070

Eckernförde

Das Tauchrevier Eckernförde wurde bereits vorge-
stellt. Jetzt soll die Rede sein von dem ehemaligen
Fischerdorf, das seit 1830 eines der beliebtesten See-
bäder an der Ostsee ist.
   Bei Eckernförde sei zunächst an die „Kieler Sprotte"
erinnert. Wenn auch der Name eine Kieler Herkunft

Der beliebte
Badestrand
von Eckern-
förde.

125

Der Eckernförder Hafen mit der alten Klappbrücke.

vorgaukelt, „Kieler Sprotten" kamen und kommen noch immer aus Eckernförde. In Kiel wurden sie lediglich umgeschlagen und in alle Welt versandt, doch das wurde schon fast vergessen. Noch heute gibt es in Eckernförde einige wenige dieser Räuchereien, bei denen man sich zum Abendbrot sicherlich mit frischen Räucherwaren eindecken sollte – es müssen ja nicht unbedingt „Sprotten" sein.

Ein Spaziergang durch Eckernförde beginnt, so sagt der Stadtkundige, am Hafen: „Der Hafen, als Herz der Stadt, versetzt beinahe in vergangene Zeiten. Frühmorgens noch verschlafene Romantik: Die 1872 erbaute Holzklappenbrücke läßt einlaufende Fischkutter durch. Möwen streiten um ihren Anteil am Fang. Geschäftiges Treiben setzt ein. Rege Betriebsamkeit lädt zum Zuschauen. Wie wär's mit einer Einkaufsfahrt nach Dänemark? Oder mit einer

Hochseeangelfahrt hinaus auf die Bucht? Tauchschulen starten vom Hafen aus. Über die Mole schlendern, sehen und gesehen werden. Das Meer lädt ein."

Irgendwie hat er ja schon recht, der Stadtführer. Genau das ist Eckernförde. Nicht auslassen sollte man die kleine Einkaufsstraße. Wegen der Vielfalt an individuellen kleinen Geschäften wird sie selbst von verwöhnten Kielern geschätzt.

Ob von Schleswig oder von Eckernförde aus bleibt sich gleich, solange man einen Abstecher in Deutschlands kleinste Stadt Arnis an der Schlei macht. Ende des 17. Jahrhunderts machten sich die Kappelner Familien auf und besiedelten die kleine Insel in der Schlei. Heute ist die Insel mit dem Land verbunden. Winzige kleine Häuser mit den typischen Erkern prägen das Stadtbild. Fast spielzeughaft mutet der Ort an, der dennoch stolz ist auf sein Stadtrecht. Und

Der Hafen ist nicht nur Ausgangspunkt für Tauch- und Angelfahrten, er lädt mit seinen schönen Ansichten auch immer zum Spaziergang ein.

*Heimkehr von
einer Angel-
fahrt.*

wenn man schon einmal dort ist, sollte man auch eine
Schlei-Scholle in Kappeln genießen.

Seit dem Mittelalter schon ist Kappeln eng mit der
Heringsfischerei verbunden. Heringe werden auch
heute noch mit einem System geflochtener Weiden-
reusen direkt neben der Drehbrücke über die Schlei
gefangen. Ob Scholle oder Hering, genießen kann
man beides hier oder in Maasholm oder Lindaunis
oder, oder, oder ...

*Die Hafenmole
und der
Eckernförder
Leuchturm.
Nach rechts er-
streckt sich der
Badestrand.*

Zwischen der Schlei und der Eckernförder Bucht erschließt sich das landschaftlich reizvolle Schwansen mit seiner Hügellandschaft. Am bekanntesten ist hier wohl das Ostseebad Damp mit seinem „Aqua Tropicana". Hier gibt es auch Ferienwohnungen und Häuser zu mieten. Mitten im Städtedreieck Eckernförde, Rendsburg (mit Deutschlands einziger Schwebefähre über den Nord-Ostsee-Kanal) und Schleswig liegen die Hüttner Berge mit dem 96 m hohen Aschberg, der „Kleine Harz", wie die Eckernförder nicht ohne Stolz sagen. Die Hüttner Berge sind eine typische Endmoränenlandschaft mit einem herrlichen Blick über das Land.

Informationen erteilt die Kurverwaltung Eckernförde.

Kurverwaltung Eckernförde
Am Exer 1   Tel.: 04351-71790
24340 Eckernförde   Fax: 04351-6282

Kiel

Daß Kiel die Landeshauptstadt von Schleswig Holstein ist, muß man niemandem erzählen. Daß Kiel am Wasser liegt, sicherlich auch nicht. Deshalb wollen wir uns hier auf eine kleine Geschichte der Stadt beschränken. Kiel, das war einst der Handelsplatz um den Alten Markt mit der Nikolai-Kirche. Kaufleute prägten das Gesicht der „alten Vorstadt". Politisch war die Stadt weniger von Bedeutung. Sicher, es gab das von den Schauenburgern errichtete Schloß. Zar Peter III., Ehemann von Katharina der Großen, wurde hier geboren. Doch wo einst das Schloß stand, erstreckt sich heute nur noch ein multifunktionaler Konzerthallenbau. Richtig aufwärts ging es mit Kiel erst ab 1871, als die Fördestadt gezielt zum Reichskriegshafen ausgebaut wurde. Die Werft von HDW

Blick auf die Schleusen Kiel-Holtenau vom Nord-Ostsee-Kanal in die Kieler Förde.

bildet auch heute noch die imposante Kulisse auf dem Ostufer der Förde. Vieles in der Stadt ist allerdings im Zweiten Weltkrieg den Bomben zum Opfer gefallen.

Vom Bahnhof aus kommt man in den Sophienhof, ein riesiges überdachtes Einkaufszentrum. Direkt an den Sophienhof schließt sich die Holstenstraße als Einkaufsmeile an. Sie führt zum Alten Markt. Kiels Visitenkarte aber, sagen die Besucher immer wieder, liegt am Wasser und beginnt mit einem lohnenden Besuch im Schiffahrtsmuseum unterhalb des Schlosses. Über die Reventlou-Brücke für die Fördeschifffahrt führt der Weg entlang am historischen Kai mit dem Nachbau einer Hansekogge und dem alten Fördedampfer *Stadt Kiel* zum Oslokai. Hier legen täglich die Norwegenfähren an. Die *Stadt Kiel* ist sehr beliebt für Trauungen.

Kurz dahinter beginnt die eigentliche Promenade am Wasser entlang, die Kiellinie, die in das Hindenburgufer mit seinen zahlreichen Seglerhäfen übergeht. Zumindest einen Augenblick sollte man am Institut für Meereskunde mit seinem Aquarium und dem Seehundbecken verweilen.

Vorbei an der Landesregierung geht es dann zum alten Olympiahafen bis zur Tirpitzmole der Bundeswehr. Hier im Stützpunkt liegt das Segelschulschiff *Gorch Fock*, wenn es in Kiel ist. Während der Kieler Woche – immer in der letzten Juniwoche – liegt die *Gorch Fock* an der Blücherbrücke vor der Landesregierung.

1972 war Kiel zum zweiten Mal Austragungsort der Olympischen Segelregatten. Wer Schiffe liebt, sollte einen Besuch im Olympiazentrum in Schilksee nicht auslassen. Große „Pötte" zum „Anfassen" nah erlebt man bei einem Besuch der Schleuse am Nord-

Der Leuchtturm am Strand von Freidrichsort.

Ostsee-Kanal. 1895 wurde der damalige Kaiser Wilhelm-Kanal eröffnet, heute ist der Nord-Ostsee-Kanal die meistbefahrene Wasserstraße der Welt mit rund 60 000 Durchfahrten. Einige nette Lokale direkt an der Schleuse oder am Kanal laden zu einer geruhsamen Pause ein. Auf der Schleuseninsel selbst gibt es ein technisch aufwendig gestaltetes Schleusenmodell. Hier kann man quasi auf der Brücke eines Großschiffes die Einfahrt in die Schleuse in allen Einzelheiten miterleben.

Links und rechts der Förde locken viele Badeorte mit feinem Sandstrand – und guten Tauchrevieren. Wer in Korügen taucht, sollte den Ausflug mit einem Besuch im U-Boot-Ehrenmal verbinden. Lohnend ist auch der kleine Fischerhafen, wo frischer und geräucherter Fisch – Spezialität Schillerlocken – angeboten wird.

Laboe

Am Ausgang der Förde liegt das Ostseebad Laboe, ein kleiner gemütlicher Ort mit dem Charme vergangener Zeiten. Bekannt ist Laboe durch das Marine-Ehrenmal. Aus der Höhe – 85 m über Normalnull –

Der Bootshafen von Laboe.

Beim Marine-Ehrenmal in Laboe liegt ein U-Boot aus dem Zweiten Weltkrieg.

hat der Besucher einen unvergeßlichen Blick über die Probstei, Kiel und bei guter Sicht auch auf die dänischen Inseln. Im Inneren des Ehrenmals ist eine sehenswerte Ausstellung maritimer Exponate mit zahlreichen Modellen von Kriegsschiffen. Vor dem Ehrenmal liegt ein geborgenes U-Boot aus dem Zweiten Weltkrieg am Strand. Das Boot, „U 995" vom Typ VII C, kann auch von innen besichtigt werden.

Blick auf die Armaturen im Inneren des U-Bootes.

Unweit der Stadtgrenze an der B4 in Richtung Neumünster ist das Freilichtmuseum Molfsee. Das Museum ist eigentlich ein Dorf mit mehr als 60 Häusern, Werkstätten und Windmühlen aus allen Regionen und Jahrhunderten Norddeutschlands, eingebettet in eine für das Land typische Landschaft. Gerade im Sommer lohnt sich ein Besuch, da dann viele der alten Werkstätten wieder in Betrieb sind. So die Käserei, die Bäckerei, die Schmiede und andere. Sehr empfehlenswert ist der Einkauf der nach alter Tradition hergestellten Produckte vom Holzofenbrot über Kuchen und Käse bis hin zu Handarbeiten.

Nähere Auskünfte erteilt die Tourist Information e.V.

Tourist Information e.V.
Sophienblatt 30   Tel.: 0431-67910-0
24103 Kiel   Fax: 0431-675439

Holsteinische Schweiz

Praktisch schon vom Ufer der Kieler Förde bis hin zur Lübecker Bucht erstreckt sich das ostholsteinische Hügelland mit der Holsteinischen Schweiz und der Seenplatte um Plön. Erfunden wurde die Bezeichnung „Holsteinische Schweiz" übrigens von einem Hotelier im vergangenen Jahrhundert, der schon damals so Werbung machen wollte für sein gleichnamiges Hotel am Kellersee.

Wollte man hier Attraktionen herausheben, würde man dem Rest bitter Unrecht tun. Es ist eine Landschaft zum Träumen und Entspannen. Der landschaftliche Reiz dieser Region wird durch zahllose Seen geprägt, die während der letzten Eiszeit entstanden sind. Hauptattraktion ist deshalb auch die

Plön ist das Herz der Holsteinischen Schweiz. Der alte Stadtkern mit Kirche und Schloß liegt inmitten einer zauberhaften Landschaft, die von fünf Seen geprägt ist.

große „Fünf-Seen-Fahrt". Leider spielt in Schleswig Holstein bekanntlich das Wetter nicht immer mit. Beliebtes Ausflugsziel ist dann Weißenhäuser Strand mit seinem überdachten Tropenbad in der Nähe von Howacht nahe der B 202 auf dem halben Weg nach Oldenburg und dem Fehmarnsund. Die 1963 gebaute, 960 m lange Brücke der Vogelfluglinie nach Skandinavien überquert den Sund in 23 m Höhe und ist ein „Muß" für Hobbyfilmer und Fotografen.

Lübeck

Der historische Stadtkern von Lübeck. Gemächlich fließt die Trave vor den alten Fachwerk- und Giebelhäusern aus der Hansezeit vorbei.

Fünf große Kirchen mit ihren sieben Türmen prägen seit Jahrhunderten die Silhouette der alten Hansestadt Lübeck. Wegen seiner über 1000 denkmalgeschützten Bauten ist Lübeck auch UNESCO-Weltkulturstadt. Ein Bummel durch die historische Altstadt von Lübeck entführt einen in die Welt der „Buddenbrooks". Wie vielleicht Thomas Manns „Tonio Kröger" schlendert man durch das Holstentor in die Gassen mit den „schmalen Giebeln, die über die nächsten Dächer herübergrüßen ..."

Gleich hinter dem Holstentor, bei den alten Salzspeichern, überqueren wir die Trave. Von hier aus bringen uns die mittelalterlichen Altstadtgassen in das einstige Zentrum der alten Hansestadt. Vom

*Malerische
Gassen
laden zum
Bummeln ein.*

Kohlmarkt aus sind es nur ein paar Schritte bis zum
Rathaus aus dem Jahr 1230. Ein Spaziergang durch
Lübeck ist eine lohnende Reise durch das Mittelalter.

Lübecks „schönste Tochter heißt Travemünde",
sagt man in Lübeck. Das Seebad gehört seit immerhin sechs Jahrhunderten zu Lübeck wie das Marzipan
– wenn auch nicht ganz freiwillig. Denn einst war
Travemünde eine freie Gemeinde, die sogar von den
Lübecker Schiffen auf der Trave Zoll fordern durfte.
Neben Sonne, Strand und Wasser locken vor allem

*Im Fischerei-
hafen von
Travemünde.*

Wer gern Fisch ißt, kann ihn in Travemünde fangfrisch vom Kutter kaufen.

zwei Dinge: Das Spielkasino und die „Travemünder Woche". Lübeck und Travemünde sind, kurz gesagt, das Tor zum Norden. Ein Seebad ist Travemünde bereits seit 1802. Schon wenige Jahre später legten hier Dampfschiffe an und eröffneten die erste Schiffsverbindung nach Kopenhagen und St. Petersburg. Moderne Ostseefähren prägen auch heute das Stadtbild am Skandinavienkai.

Nähere Information erteilt das Amt für Lübeck-Werbung und Tourismus.

Amt für Lübeck-Werbung und Tourismus
Beckergrube 95   Tel.: 0451-122109
23552 Lübeck   Fax: 0451-1228190

Zwischen Timmendorf und Neustadt liegt einer der bekanntesten und größten Freizeitparks Deutschlands, der Hansapark bei Sierksdorf. Viel zu sagen gibt es über Bad Segeberg eigentlich nicht. Den unter den Gipsschichten des Kalkberges lagernden Salzschichten verdankt die Kreisstadt ihren Ruf als Kurort. Einmal im Jahr jedoch – und zwar während der Schleswig Holsteinischen Sommerferien und kurz danach –

geben sich Karl Mays Helden Winnetou und Old Shatterhand auf der Freilichtbühne unterhalb des Kalkberges ein Stelldichein. Die Karl-May-Spiele finden hier vor der natürlichen Kulisse aus bizarren Felsen bereits seit 1952 statt. Der halbe Ort ist dann an den aufwendigen Aufführungen beteiligt. Besonders ein Besuch der Abendvorstellung ist empfehlenswert.

Butterfahrten und Ausflugsfahrten

Amtlich nennt man sie „Erlebnisfahrten mit zollfreiem Einkauf", im Volksmund sind sie immer noch die „Butterfahrten", obwohl sie mit dem Einkauf von Butter schon lange nichts mehr zu tun haben. Seit über 25 Jahren prägen die „Butterdampfer" das Bild der Häfen der Ostsee. Rund 2,3 Millionen Tagespassagiere gönnen sich jährlich eine „kleine lustige Seefahrt mit Gastronomie und Tanz" – so der Slogan der Werbung – auf einem der rund 50 registrierten „Butterdampfer".

Sie heißen zum Beispiel *Fair Lady*, *Seute Deern* oder *Baltic Star*. Sie sind in Flensburg, Kappeln, Eckernförde, Kiel und in der Lübecker Bucht ebenso wie auf Fehmarn zu Hause. Betrieben werden die Schiffe von zumeist kleinen Reedereien, die sich auf diese „Minikreuzfahrten" nach Dänemark mit zollfreiem Einkauf spezialisiert haben.

Den zollfreien Einkauf auf den Schiffen gibt es seit 1961. Als die damalige Europäische Wirtschaftsgemeinschaft EWG dann acht Jahre später auch den Butterverkauf an Bord genehmigte, war dies quasi der Startschuß für einen völlig neuen Wirtschaftszweig, den schwimmender Discountläden. Kostete das Kilogramm Butter seinerzeit an Land noch fünf Mark, gab es sie an Bord schon für drei, dazu noch billige Zigaretten, Schnaps und Schokolade.

Die „Baltic Star", einer der über 50 registrierten „Butterdampfer", die sich auf Fahrten nach Dänemark mit zollfreiem Einkauf spezialisiert haben.

Butter wird nicht mehr an Bord verkauft – nur der Name ist noch geblieben, denn die Preise haben sich längst verwischt. Geblieben ist die „große Transit-ration", die jeder Fahrgast erwerben kann. Das sind 1 Liter Spirituosen und 200 Zigaretten. Deshalb steht der „Tax-Free"-Einkauf auch nicht mehr im Mittel-punkt dieser sechsstündigen Reisen über die Ostsee ins nahe Dänemark. Die Sehenswürdigkeiten an Land nahm ohnehin nie jemand zur Kenntnis, denn das Anlegen der Boote im fremden Hafen beschränkte sich meist auf das Überwerfen eines Taus über einen dänischen Poller bei laufendem Motor. Dem Gesetz war damit genüge getan, der Verkauf außerhalb der deutschen Hoheitsgewässer konnte weitergehen. Da-für sind die Schiffe, wie immer sie heißen mögen, vielmehr maritime Treffpunkte gleichgesinnter „But-terfahrer" geworden. Man kennt sich, klönt an Bord und schätzt den geregelten und vertrauten Ablauf des Bordlebens mit Kaffee und Kuchen, Skat oder dem Nachmittagstanz. Jahr für Jahr, Sommer wie Winter sind diese Schiffe im Einsatz, und genauso regelmäßig kommt das Stammpublikum, denn für drei bis fünf Mark ist man auf dieser „See"-Reise dabei – wobei Busunternehmen die Fahrten auch schon mal kostenlos anbieten. Butterfahrten, das ist auch ein Stückchen Lebensphilosophie der Küste. Allerdings geht von diesen Fahrten gerade für Besucher ein sehr gefährlicher „Virus" aus: „Butterfahrten" sind ansteckend, und die Fahrgäste werden schnell zu „Wiederholungstätern". Sie erkennt man meist daran, wenn sie mit Plastiktüten beladen in bester Laune nach dem Anlegen leicht schwankend wieder ihren Bussen entgegensteuern.

Ein Ende droht den beliebten „Butterfahrten" nun durch die EU ab 1999 im Zuge eines einheitlichen europäischen Binnenmarktes – wenn die Brüsseler Bürokraten dem Deutschen Duty-Free-Verband nicht noch einmal wie schon 1992 großzügig einen Aufschub gewähren. In diesem Fall, sagen die Reedereien, werde man sich eben umstellen müssen. Denn sterben soll die „Butterfahrt" noch lange nicht.

Veranstalter von „Butterfahrten"

Reederei Müller   Tel.: 04642-6532
täglich Kappeln – Sønderborg

Reederei Busbetrieb Steinberg in Zusammenarbeit mit Förde-Reederei Seetouristik   Tel.: 0461-8640
täglich:
Flensburg – Åbenrå
Kappeln – Sønderborg
Damp – Sønderborg
Heiligenhafen – Rødby
Burgstaken – Rødby
Travemünde – Rødby
Travemünde – Warnemünde

Hansa Shipping Ostseereederei Tel.: 0461-14500
täglich Fahrten im Nord-Ostsee-Kanal bis Rendsburg
und zurück von Kiel aus.
Sa/So Nord-Ostsee-Kanal bis Friedrichsstadt mit
Übernachtung.

Viking-Reederei, Viking-Linie und Nordische See-
touristik   Tel.: 04636-1005
täglich mit Ausnahmen:
Langballigau – Åbenrå
Langballigau – Sønderborg
Glücksburg – Gravenstein
Flensburg – Kollund – Glücksburg

Reederei H.G. Rahder   Tel.: 04834-1380
täglich:
Büsum – Helgoland
Nordseekreuzfahrt
Seehundbänke

Reederei Cassen Eils   Tel.: 04351-5531
täglich:
Kiel – Marstal
Eckernförde – Sønderborg
Büsum – Helgoland
Kiel – Nord-Ostsee-Kanal

Darüber hinaus gibt es Veranstalter von Kurzfahrten,
die keinen ausländischen Hafen anlaufen. Sie heißen
Stichfahrer und dürfen eine Schachtel Zigaretten und
zollfreie Getränke nur für den Bordverzehr – die sogenannte Kleine Ration – verkaufen.

Lebensraum Ostsee – *Kleine Geschichte eines bedrohten Ökosystems*

Schleswig Holsteiner leben da, wo andere Urlaub machen, sagt man an der Küste. Was könnte in der Tat schöner sein als bunte Strandkörbe in der Sonne auf sauberen, feinsandigen Stränden, wenn die Wellen sanft ans Ufer plätschern. Da passen Schlagzeilen vom „Fischsterben", von der „Kloake", von „Überdüngung" und „Robbensterben", wie vor einigen Jahren, schon gar nichts in das Bild der Urlauberidylle. Sicher ist es nichts so, daß die Ostsee ein „totes" oder sterbendes Meer ist. Aber nichts kann darüber hinwegtäuschen, daß die Ostsee ein bedrohtes Meer ist, wenn sich in den letzten Jahren auch viel gebessert hat. Noch ist die Gefahr, daß die Ostsee eines Tages „umkippt", nicht gebannt.

Die Ostsee ist von ihrem Ursprung her das größte Brackwasser der Welt, was hier nicht abschätzig gemeint ist. Sie entstand vor rund 20 000 Jahren, als die Eismassen zu schmelzen begannen und nach und nach eine Senke freigaben, die heute den Grund der Ostsee bildet. Genaugenommen ist die Ostsee nicht anderes als ein riesiger Süßwassersee, der durch die Gletscher gespeist wurde. Durch die Meerenge im Skagerak floß Salzwasser aus der Nordsee in diesen „See" und vermischte sich. Das hat sich bis heute nicht geändert. Deswegen weist die Ostsee auch einen Salzgehalt auf, der vom Eingang der Ostsee bis in die nördlichen und östlichen Buchten kontinuierlich abfällt.Dank dieser Besonderheit ist eine Flora und Fauna entstanden, die in dieser Mischung aus Salz- und Süßwasser überleben kann. Zu den Eigenarten gehört, daß eingewanderte Meerestiere in der Ostsee generell kleiner sind und gen Norden und Osten seltener auftreten. Dafür sind typische Süß-

Regungslos und gut getarnt wartet der Nordische Seeskorpion auf Beute.

wasserarten eher in den küstennahen Gewässern der mittleren Ostsee zu finden. Auch wenn viele Arten richtige Anpassungskünstler geworden sind, kommen von den bekannten rund 100 Muschelarten der Nordsee nur vier mit den in der Ostsee herrschenden Lebensbedingungen aus. Dabei ist die Ostsee beileibe keine „Wüste". Auch hier gibt es „Oasen" mit reichem Leben.

Die Tiden   In anderen Meeren sorgen die Gezeiten, Wind und Strömungen für einen regelmäßigen Wasseraustausch und führen dem Wasser Sauerstoff zu. In der Ostsee dagegen sind Tiden weitgehend unbekannt. Sehr deutlich kann der Taucher gerade im Sommer die verschiedenen Wasserschichten ausmachen, die sich wie in einem See übereinander lagern. Stößt er durch die Algenschicht, hat er plötzlich eine relativ klare Schicht kalten, sauerstoffreichen Tiefenwassers

Seenelken und Miesmuscheln sind typische Hartbodenbewohner der Ostsee. Die Muscheln sind häufig mit Seepocken besiedelt.

vor sich, das aus der Nordsee zugeführt wird. Konnte er im Oberflächenbereich gerade mal noch die Flossen seines Vordermannes sehen, beträgt die Sicht nun mehrere Meter. Diese Schichten verhindern, daß sich der Sauerstoff ordentlich vermischt. Besonders in den Buchten und Förden macht sich in jedem Sommer der Sauerstoffmangel bemerkbar, denn hier wird der Vorrat an heißen Tagen schnell aufgebraucht. Die Folge ist ein schnell um sich greifender Erstickungstod der örtlichen Flora und Fauna.

Die Ostsee blüht

Sobald die Temperaturen nach einem Winter wieder steigen, beginnt die Ostsee dank des nährstoffreichen Wassers zu „blühen". Dieser Prozeß erstreckt sich bis weit in den Herbst. Der Grund sind die vielen Einzeller, die sich explosionsartig vermehren. Es wird ein Kreislauf in Gang gesetzt, der der Ostsee jedes Jahr mehr schadet. Wenn Algen und Plankton

Auf freien Sandflächen zwischen Seegras finden sich Ausscheidungen des Wattwurms.

nach der Blüte absterben, sinken sie auf den Grund und bedecken Wiesen und Muschelfelder im Laufe der Zeit mit einer dicken Schicht. Weil beim Verwesen viel Sauerstoff verbraucht wird, sinkt der Gehalt weiter. Dann fehlt diesen Arten buchstäblich die Luft zum Atmen, sie sterben ab oder nehmen zumindest Schaden. Denn die mit den chemischen Aufräumarbeiten betrauten Bakterien verbrauchen den ohnehin knappen Sauerstoff. Ausgelöst worden ist dieser Prozeß durch die noch immer zu hohe Einleitung von ungeklärten Abwässern von Haushalten und Industrie – besonders im Osten –, durch Pflanzennährstoffe aus der Düngung, die über das Regenwasser aus den Äckern gewaschen werden und letztlich in die Ostsee fließen. Besonders zu studieren ist dieser Prozeß in der Flensburger Förde. Dr. Claus Valentin vom *Institut für Marine Biologie* beobachtete dieses „Umkippen" der Ostsee in tieferen Bereichen schon

Ende der siebziger Jahre. Seitdem mußte er feststellen, daß immer häufiger Bodentiere und Fische an Sauerstoffmangel leiden und verenden. Bemerkt wird dieses meist erst dann von der Öffentlichkeit, wenn wieder tote Fische an der Wasseroberfläche treiben und regional für Schlagzeilen sorgen.

Der Kreislauf Typisch für die Ostsee ist ein Gürtel von ausgedehnten Seegraswiesen in Tiefen bis 5 m, weil dieser Bereich noch ausreichend mit Licht versorgt wird. Diese Seegraswiesen, hat Dr. Valentin festgestellt, sind der Lebensraum für rund 90 Arten von Meerestieren. Dazu gehören Seestichlinge ebenso wie die Seescheiden und Meeresasseln. Gerade Asseln und Schnecken putzen die Blattflächen immer wieder sauber, so daß dadurch das zur Photosynthese notwendige Licht bis zum Blatt vordringen kann. Erhalten die Algen ein Übergewicht – dann sind die

Wie hier in der Eckernförder Bucht deutlich, ist das marine Leben in der Ostsee vielerorts unübersehbar gefährdet.

Seegrasblätter mit einer dichten, schmierigen braunen Schicht überzogen, können die kleinen „Putzer" nicht mehr an die Pflanzen heran – beiden werden die Grundlagen entzogen. Wo immer dieses Auftritt, geht der Bestand an Seegras, aber auch Rotalgen und Blasentang auffallend zurück.

Muschel-bänke

Unterhalb der Seegraswiesen liegen die Muschelbänke. Eine intakte Muschelbank, so Valentin, zeichnet sich dadurch aus, das die Muscheln dicht an dicht aufrecht nebeneinander stehen. Sie haben die Schalen leicht geöffnet, so daß sie Wasser und damit Nahrung und Sauerstoff aufnehmen können. Die meisten der etwa 70 Tierarten, die diesen Lebensraum mitbewohnen, sind klein. Bodenlebende Fische wie zum Beispiel die Aalmutter und der Seeskorpion lauern hier auf Beute. Hier findet man auch die Seesterne. Größere Exemplare sind die „Killer" der Muscheln, denn sie können mit ihren Saugfüßchen Miesmuscheln öffnen, um sie dann auszufressen.

„Toter" Grund

Wird dieses System gestört durch von oben herabrieselndes abgestorbenes Plankton, bildet sich schnell ein dichter Belag auf den Muscheln. Buschige gelbe Schwämme, Seenelken und andere Tiere finden nun hier Halt und üppige Lebensbedingungen. Schwefelbakterien breiten sich aus. Seesterne in Tiefen bis etwa 15 m sind deshalb immer ein Zeichen für den schlechten Zustand des Wassers. Unterhalb dieser Tiefe liegt nach dem ersten Augenschein nur noch „toter" Grund. Öde und leer präsentiert er sich dem Taucher. Das Leben spielt sich hier allerdings in der Weichbodenschicht ab. Fast 100 Arten leben dort im Verborgenen. Sauerstoffmangel aber kann in dieser Tiefe schon innerhalb von Stunden das Leben vernichten. Sichtbar wird der Sauerstoffmangel meist durch die eigentlich im Boden lebenden Borstenwürmer, die nun plötzlich den Schutz ihrer Behausung verlassen und an die Oberfläche treiben.

Größere Seesterne sind die Feinde der Miesmuscheln; sie saugen sich an den Schalen fest und öffnen sie, um sie dann auszufressen.

Auffallend ist eine sogenannte „Schwarzfärbung" in diesem Bereich. Sie zeigt das Vorhandensein von Schwefelwasserstoff an. Dringen die Gase an die Oberfläche, macht sich der Geruch von faulen Eiern breit.

Überlebens-künstler Seenelke Ein wahrer Überlebenskünstler in dieser Tiefe ist die Seenelke, der Sauerstoffmangel so schnell nicht gefährlich wird. Bis zu sechs Wochen kann sie durchhalten. Dann ziehen die Nesseltiere ihre Fangarme ein und schrumpeln, hat Dr. Valentin beobachtet. Dauert der Sauerstoffmangel an, lösen sie ihre Fußscheibe vom Untergrund und lassen sich von der Strömung in bessere Gefilde treiben. Zurück bleiben dann die verendeten Miesmuscheln mit weit aufgerissenen Schalen. Die Seesterne drehen sich auf den Rücken, um mit ihren Saugfüßen an den verkrampften Armen die letzte noch verbleibende Luft aus dem

*Seenelken
sind wahre
Überlebens-
künstler.*

Wasser zu filtern. Wenn dann auch noch tote Fische im Wasser treiben, ist das Sterben sichtbar eingeleitet.

Die Ostsee wird sauberer Die Ostsee läßt sich sicherlich nicht durch einen Federstrich retten, auch wenn sich in den letzten Jahren bereits einiges getan hat. So konnte zum Beispiel durch den Bau neuer und die Nachrüstung bestehender Kläranlagen der Eintrag von Phosphat und Nitrat gesenkt werden. Das ist in den westlichen Industrieländern sicherlich leichter zu bewerkstelligen als in den östlichen Anrainerstaaten. Selbst die so vorgereinigten Abwässer bergen aber immer noch einen hohen Anteil an Nährstoffen in sich, die sich zu den schon vorhandenen ablagern und diese anreichern. Notwendig ist deshalb, daß alle Anrainerstaaten endlich über ihre Lippenbekenntnisse hinaugehen und alle Eintragsquellen versiegen lassen, denn die Quelle einer Verunreinigung kann weit im Inland liegen, wird beispielsweise über die gedüngten Felder ausgewaschen und letztlich durch Flüsse und Bäche in die Ostsee geleitet. Hilfreich ist sicherlich das in Schleswig Holstein bereits erlassene Verbot, Uferstreifen in einer Tiefe von 10 m zu düngen. Nur leider ist diese Regelung noch längst nicht überall in Kraft. Damit ist die Ostsee letztlich langfristig nur zu retten, wenn alle beteiligten Staaten an einem Strang ziehen.

Der Zustand des „Patienten Ostsee" läßt sich am ehesten mit „den Umständen entsprechend" beschreiben. Zum Teil ist der Zustand „kritisch", zum Teil aber auch schon „auf dem Wege der Besserung". Das gilt zumindest für den Bereich der Schleswig Holsteinischen Küste, wo in den letzten Jahren viel getan wurde. Es gilt aber auch schon für Teile Mecklenburg-Vorpommerns.

Umfassender Artenschutz Die Qualität des Ostseewassers – und damit des Bewuchses und des Fischbestandes – hängt in erster Linie vom Zustand der Binnengewässer ab.

Obwohl die Binnengewässer in den letzten Jahrzehnten erheblich unter Wasserbau und Verunreinigungen gelitten hatten, sind in den Gewässersystemen der großen Flüsse heute Reste der ursprünglichen Fischfauna erhalten, schreibt der Landessportfischer Verband nicht ohne Stolz in einer Analyse an seine Mitglieder, denn die haben maßgeblich mit zum Schutz der Ostsee beigetragen. Zwar müssen viele Arten von Fischen als in ihrer Existenz bedroht, bzw. als gefährdet gelten, doch bieten auch isolierte Vorkommen eine Chance, nach Beseitigung der Ursachen, die Bestände zu regenerieren. Davon profitieren letztlich auch die Taucher. Wenn sich in Schleswig Holstein eine Erkenntnis durchgesetzt hat, dann die, daß ein integrierter Artenschutz in unseren Gewässern, der sowohl die Erhaltung vorhandener Biotope als auch die Renaturierung bereits zerstörter Wasserläufe umfaßt, unumgänglich ist.

Liegen die Erhaltung und der Schutz der Binnengewässer heute weitgehend in den Händen der vielen ehrenamtlich tätigen Sportfischer, vertreten durch den Landessportfischer Verband, konzentrieren sich

die Bemühungen der Landesregierung auf den See-
bereich. Beide arbeiten jedoch übergreifend. Bereits
1994 erließ die Landesregierung eine neue – und
zunächst heftig umstrittene – Landesfischereiord-
nung. Kernstück dieser Verordnung ist die Einrich-
tung eines 200 m breiten Schutzstreifens im gesamten Bereich der Küste zwischen Dänemark und
Mecklenburg-Vorpommern. Paragraph 18 der Verordnung regelt die Stellnetz- und Reusenfischerei in
diesem Bereich. In deutlichen Worten heißt es dort:
Die Stellnetzfischerei ist in diesem Bereich verboten.
Dieses Verbot richtet sich vor allem an die vielen Ne-
benerwerbsfischer. Denn ihnen wurde immer wieder
vorgeworfen, den küstennahen Bereich – der ja auch
für Taucher am interessantesten ist – mit ihren Netzen
regelrecht auszuplündern. Dieser 200-Meter-Bereich,
sagt Winfried Dobbrunz vom Landesfischerei Verband Schleswig Holstein, ist eine „große Grauzone",
die man „sehr kritisch" sieht. Ohne dem Land und
den vom Land bestellten Fischereischutzbeauftrag-
ten einen Vorwurf zu machen, können die Kontrollen
des Verbots nur stichprobenartig und unregelmäßig
durchgeführt werden. Alles ist eben eine Frage des
Geldes und des zur Verfügung stehenden Personals.
Finanziert wird dieser Schutz über die Landesfische-
reiabgabe.

Problem: Natürlich stößt man als Taucher immer wieder auf
Reusen   am Boden verankerte Stellnetze und Reusen in diesem Schutzbereich. Einige sind offen durch Bojen
markiert. Bei ihnen handelt es sich meist um erlaubte
Anlagen, denn jedem Fischer wird eine bestimmte
Anzahl von zwei oder drei Netzen und Reusen zuge-
standen, um seine Existenz nicht zu gefährden. Auf
der anderen Seite stoßen Ostseetaucher immer wieder auf sogenannte unmarkierte Netze und Reusen,
die irgendwo zwischen 3 m und 9 m am Boden verankert sind. Viele dieser Anlagen sind nicht etwa ver-
lorengegangen und die Boje vielleicht im Sturm ab-

Für viele Fische werden die illegal ausgelegten Reusen der Nebener-werbsfischer zu tödlichen Fallen, in denen sie qualvoll verenden.

gerissen. Die Fischer, die sie ausgelegt haben, wissen genau, wo sie liegen. Was die Fischereiaufsicht jedoch nicht sieht, kann sie auch nicht kontrollieren. Für uns wird es immer wieder zu einer Gewissensfrage, ob wir als Taucher Hand anlegen sollen an diese unmarkierten Netze, denn oft genug bleiben die dort gefangenen Tiere tagelang darin, bis sie schließlich verenden.

Lachse und Meerforellen Was der Taucher bei einem Tauchgang am ehesten sieht, sind Plattfische wie Butt und Scholle, die überall anzutreffen sind. Meist buddeln sie sich leicht in den Boden ein und passen sich durch ihre Tarnung der Umgebung an. Oft bemerkt man sie erst, wenn sie vor dem Taucher die wilde Flucht ergreifen. Genauso häufig sind die Aale. Auch sie findet man – noch – überall. Seltener, wenn auch wieder etwas häufiger, sind Wanderfische wie Lachs oder Meerforellen. Auch wenn man an der Küste und besonders im Handel immer wieder von der Lachsforelle spricht – sie gibt es nicht. Lachsforelle ist ein für die Vermarktung erfundener Begriff für die Meerforelle. Sie liebt den festen Untergrund und sucht sich vor allem steinige Bereiche aus. Dazu gehören sicherlich das Brodtener Ufer, der Bereich von Westermarkelsdorf und Katharinenhof auf Fehmarn, aber auch die Howachter Bucht. Mittlerweile können Meerforellen wieder an jeder Abbruchkante vorkommen, wie zum Beispiel im Bereich Bülk, bei Stein oder auch vor der Schleimündung. Sie zu finden ist eine Frage des auflandigen Windes und der Strömung. Dies gilt allerdings auch für den Dorsch, einst der mit am häufigsten anzutreffende Fisch in der Ostsee. Angler schwören auf den frühen Morgen oder die Dämmerung. Mit anderen Worten: Je heller es ist, desto tiefer stehen die Fische.

Im Rahmen eines Artenschutzprogramms ist in den letzten Jahren viel von Seiten des Landes und der Sportfischer für die Wiederansiedlung von Lachs und Meerforelle getan worden. Jedes Jahr werden rund 2 Millionen Jungfische gezogen und in den geeigneten Bächen des Landes ausgesetzt.

Sportfischer und Landesregierung fördern die Wiederansiedlung von Lachsen mit einem Sonderprogramm.

Als Jungfische bleiben sie zunächst in den Oberläufen der Fließgewässer. Dann treten sie ihren Weg in die Ostsee an. Jetzt sind sie – bei geeignetem Untergrund – eher im Bereich von Flußmündungen anzutreffen. Nach zwei oder drei Jahren beginnt ihr Rückweg in die Flüsse und Bäche, und der Kreislauf schließt sich. Ihre Laichzeit ist Dezember und Januar. Fischtreppen wie im Bereich der Schwentine in Kiel und auch an der Trave bei Lübeck, um nur zwei Beispiele zu nennen, sollen den Meerforellen den Rückzug erleichtern. Nur leider, für Taucher sind diese Mündungen wegen des oft trüben Wassers kein Vergnügen.

Sehr vereinzelt anzutreffen sind Seegrundeln, die schlammigen Untergrund bevorzugen. Auch nur noch selten treibt es die Makrele und die Hornhechte in Ufernähe. In Kiel und Travemünde kommen sie jedes Jahr im April/Mai (abhängig von Wassertemperatur und Wind) zusammen mit den Heringen sogar bis tief in die Häfen. Eher im nördlichen Bereich zu Hause – meist vor der dänischen Küste und im Bereich der äußeren Flensburger Förde – sind Katzenhaie. Den eher abstoßend wirkenden urigen Knurrhahn kann man dagegen noch überall finden. Die besten Chancen für Seehasen bietet das Frühjahr.

Fazit Wenn wir von einer „kranken" Ostsee sprechen, gibt es nur einen Schuldigen: den Menschen. Nur er ist auch in der Lage, den Prozeß der Verschmutzung wieder umzukehren. Eine heile Unterwasserwelt ist die Ostsee sicherlich nicht mehr, hier zu tauchen lohnt aber immer noch. Denn wie jede „Wüste" hat auch die Ostsee ihre schönen Flecken. Und eigentlich sollte niemand nach einem Tauchgang in der Ostsee sagen: Außer Steinen und Sand habe ich nichts gesehen. Dann, so finde ich, hat er selbst schuld. In der Ostsee muß man nicht nur sehen, sondern auch wissen, wo man genauer hinsehen muß. Das ist das ganze Geheimnis.

Sicherheit, Tips und Gebote

Das Tauchen in der Ostsee ist sicherlich nicht gefährlicher als in anderen Gewässern, wenn man dabei einige Grundregeln und Besonderheiten beachtet. Dazu gehört – es muß einem verantwortungsvollen Taucher an sich gar nicht erst gesagt werden – , daß er seine Ausrüstung beherrscht.

Ausrüstung Unentbehrlich ist in Anbetracht der Wassertemperaturen ein wirksamer Kälteschutz. Mit Sprungschichten muß auch im Sommer gerechnet werden. Mit einem Tropenanzug kann man in der Ostsee zu keiner Jahreszeit tauchen. Wegen der oft trüben Sichtverhältnisse sollte man immer den Kompaß dabei haben. Auch nicht zu vergessen ist ein Messer – oder die Allzweckschere –, denn die Küsten- und Teilzeitfischer legen ihre Reusen gerne in den flachen Küstenbereichen aus. Sehr häufig geht ein solches Netz zur Freude von Tauchern verloren, wenn der Sturm die Boje abreißt und die Reuse dann nicht mehr gefunden wird. Das gleiche gilt für Netzreste, die an den Wracks hängengeblieben sind. Man kann sich leicht darin verfangen. Verfängt man sich, ist dies noch lange kein Grund zur Panik. Auf keinen Fall sollte man versuchen, sein Gerät abzulegen und an die Oberfläche zu gelangen, denn die Gefahr, daß man sich erneut verfängt, ist groß.

Taucher aus dem Binnenland, die bisher ihre Erfahrungen in erster Linie in Süßwasserseen gemacht haben, seien daran erinnert, daß unsere Weltmeere unterschiedliche Salzgehalte aufweisen. Das gilt auch für die an sich salzarme Ostsee. Der Taucher braucht also etwas mehr Blei. Drei bis vier Prozent mehr sollte man schon mitnehmen.

Tauchen bei Wellengang Tauchen in der Ostsee ist auch immer eine Frage der Windrichtung und des Wellenganges. Die Windrichtung bestimmt, auf welchem Ufer der Förden oder Buchten man zwischen Flensburg und Lübeck tauchen kann. Richtig windgeschützte Ecken gibt es nur wenige. Damit sind wir bei den Wellen. Die Wellen in der Ostsee sind selten so hoch, daß eine direkte Verletzungsgefahr durch sie besteht. Wer aber bei hohem Wellengang mit Schaumkronen glaubt, unbedingt tauchen zu müssen, wird die Kraft der Wellen spätestens beim Ausstieg am Strand merken, wenn man etwas hilflos im hüfttiefen Wasser versucht, sich seiner Flossen zu entledigen und von den Wellen immer wieder umgeworfen wird. Muschelkanten sind rasiermesserscharf und haben schon häufig zu tiefen Schnittwunden geführt. Die Strandwacht kann ein Lied davon singen. Auch ein Neoprenanzug kann sehr leicht ein Opfer dieser Schnitte werden.

Wird bei Wellengang vom Boot aus getaucht, ist dieses manchmal schon aus wenigen Metern Entfernung im Auf und Ab der Wellen nicht mehr auszumachen. Schon ein paar Wellenkämme zwischen Boot und Taucher reichen da. Hinzu kommt, daß der Taucher als kleiner Punkt in den Wellen vom Boot aus mehr als schwer auszumachen ist. Eine aufgeblasene Tarierweste hält den Taucher nicht nur über Wasser, sie versetzt ihn auch in die Lage, die für diesen Fall mitgeführte Signalboje aufzublasen. Auch den Gebrauch eines Schnorchels wird man plötzlich schätzen, wenn man schon bei leichtem Wellengang auf ein Boot zu schwimmen muß.

Tauchen vom Boot aus Oft lassen sich interessante Tauchgründe nur mit dem Boot erreichen. Vielfach ist es auch einfacher, sich von einem Schlauchboot ein paar Hundert Meter vom Strand aus rausbringen zu lassen. Zur Sicherheit hat man dann immer eine schwimmende „Basis" dabei. Vergessen wird dabei oft von den Bootsführern, einen der Größe des Bootes entsprechenden Anker mitzuführen, der sich im Boden verhaken kann. Ihn nur auf dem Grund abzulegen reicht

*Ein Schlauch-
boot sorgt auch
bei küsten-
nahen Tauch-
gängen für
zusätzliche
Sicherheit.*

nicht. Die Wellen werden dafür sorgen, daß er „tanzt" und das Boot abgetrieben wird. Hinzu kommt eine zugfeste und ausreichend lange Leine. Eine Faustregel besagt, daß die Leine wenigstens dreimal der Wassertiefe entsprechen sollte. Wir erleichtern uns den Bootstauchgang, indem wir zunächst an der Tauchstelle eine Boje (bzw. leeren Kanister) mit Tauchgewicht an einer entsprechend langen Leine versenken. Dann werfen wir Anker und lassen uns mit dem Boot von der Strömung in Position bringen. Wenn wir ins Wasser gehen, peilen wir einfach vom Boot aus die Boje als Orientierungshilfe an und haben schon unsere Tauchrichtung.

Wir haben zudem die Erfahrung gemacht, daß viele Taucher aus dem Binnenland häufig gerade bei kleinen, kurzen Wellen oder „kappeliger See" seekrank werden. Wer dazu neigt, „grün im Gesicht" zu werden, sollte so ehrlich zu sich selbst sein und auf einen Tauchgang bei Wellengang verzichten. Ich weiß aus eigener Erfahrung aus meiner Anfangszeit, daß ich schon bei einem Anflug von Seekrankheit dazu neigte, tiefer durchzuatmen mit der Folge, daß mein Luftverbrauch immens anstieg und meine Flasche schnell leer war. Ein Tauchlehrer berichtete mir von einem Schüler, der eine 10-Liter-Flasche in nur 15 Minuten „ausgenuckelt" hatte, während seine Partner noch über 150 bar verfügten, trotzdem aber den Tauchgang abbrechen mußten.

Sicht
Schon bei der Tauchgangsplanung sollte man bedenken, daß der Wellengang gerade im Flachwasserbereich auch die Sichtweiten durch aufgewirbelte Sedimente erheblich trübt. Der sichere Umgang mit dem Kompaß wird dann unerläßlich.

Kann man seinen Partner in südlichen Gewässern noch sicher in 10 m oder 20 m Entfernung ausmachen, reichen in der Ostsee schon 3 m oder 5 m, um den Blickkontakt zu verlieren. Dies kommt häufiger vor, als man denkt, obwohl sicherlich jeder bemüht sein wird, entsprechend der erlernten Grundregel seinen Partner immer auf Armeslänge zu wissen. Dann hilft nur: auftauchen. Hier trifft man sich von selbst wieder. Schon bei leichten Wellen dürfte es aber mehr als schwer sein, von der Oberfläche aus nach den Blasen des Partners zu suchen.

Ruhe bewahren
Zu schnelles Tauchen, Schwimmen oder die Angst, allein gelassen zu werden, lassen einen Taucher leicht außer Atem geraten. Hat man seine Gruppe zudem aus den Augen verloren, ist es bei den Sichtweiten in der Ostsee meist sinnlos, der Gruppe auf Krampf hinterherschwimmen zu wollen. In diesem Fall sollte man solange auf der Stelle bleiben, bis sich die Atmung normalisiert hat, und dann unter Berücksichtigung aller Vorsichtsmaßnahmen aufsteigen. Verantwortungsgefühl bei den Partnern vorausgesetzt, werden sie sich auf die erlernten Tauchregeln besinnen und wohl wenig später ebenfalls auftauchen.

Strömung
Und noch ein Wort zum „Strömungstauchen". Ich möchte hier allerdings weniger auf diese sehr spezi-

159

elle Art des Tauchens mit seinen eigenen Regeln eingehen. Nicht ohne Grund gibt es gesonderte Lehrgänge, wo dies geübt wird. In der Ostsee können auch bei augenscheinlich ruhiger See Unterströmungen auftreten, die man bei der Tauchgangsplanung nicht vorhersehen kann. Wird man während des Tauchganges von einer solchen Strömung erfaßt und abgetrieben, erst einmal Ruhe bewahren! Panik nützt niemandem und schadet allen. Grundregel ist, nicht gegen die Strömung anschwimmen. Das kostet wertvolle Kraft und Luft. Statt dessen sollte man versuchen, rechtwinklig aus der Strömung herauszuschwimmen. Kommt es ganz schlimm, muß man sich eben am Boden entlang hangeln. Ich erinnere mich noch sehr gut an meinen ersten „Landgang" zurück am Strand von gut einem Kilometer nach einer solchen Strömung. Passiert ist uns nichts und Gefahr bestand auch nicht, weil wir immer genügend Luft hatten, bis wir aus der Strömung raus waren.

10 Gebote Jeder hat sie schon einmal gehört, doch sie haben nichts von ihrer Bedeutung verloren: Die „Goldenen Regeln" des guten Tauchgewissens.

1. Tauche nie allein. Tauchst du mit einem unbekannten Tauchpartner, informiere dich über seinen Ausbildungstand.
2. Tauche nur, wenn du körperlich fit bist. Ein „schwerer Kopf" oder eine Erkältung können ungeahnte Folgen haben.
3. Tauche nie bei ungutem Gefühl. Sonst ist Panik vorprogrammiert.
4. Tauche nur mit vollständiger und überprüfter Ausrüstung.
5. Tauche nur im Rahmen deiner Kräfte und plane deinen Tauchgang.
6. Tauche nicht nach Rekorden tief und lange.
7. Bleibe bei deinem Partner und signalisiere ihm deinen Luftverbrauch. Denk an den Rückweg.

SAR-Hubschrauber bei einer Rettungsübung.

8. Geh keine Risiken ein. Es ist keine Schande, einen Tauchgang gar nicht erst zu beginnen oder ihn abzubrechen, weil er zu gefährlich erscheint.

9. Schütze deine Umwelt: Unter Wasser darfst du dir alles ansehen, aber nichts mitnehmen.

10. Tauche nicht in die Schiffahrtswege:
Die Schraubengeräusche großer Schiffe können Panik auslösen.

Was tun im Notfall Ein dichtes Netz von Rettungsstationen umspannt den Ostseeraum zwischen Dänemark und der polnischen Grenze. Nach den gesetzlichen Vorgaben sind alle Punkte der Ostsee durch SAR-Rettungshubschrauber der Marinefliegerstaffeln zu erreichen. Ihre Einsatzzeit liegt aber bei bis zu eineinhalb Stunden. Gerade im Wochenenddienst wechseln die Staffeln sich ab. Deshalb kann es sein, daß ein Rettungshubschrauber bei einem Deko-Unfall vielleicht von

Helgoland angefordert werden muß. Damit geht wertvolle Zeit für eine Druckkammer-Behandlung verloren. Der Einsatz der SAR-Hubschrauber ist in jedem Fall an folgende Bedingungen gebunden:

– Der Transport muß dringend sein. Es muß eine Gefahr für Leben oder Gesundheit bestehen.
– Ein geeignetes ziviles Transportmittel steht nicht zur Verfügung.
– Eine ärztliche Bescheinigung über die Dringlichkeit muß vorliegen oder nachgeliefert werden.

Der Hubschrauberstart kann tagsüber maximal 15 Minuten, nachts eine Stunde nach Eingang des Notrufes erfolgen.

Die Mindestgröße des Landeplatzes beträgt:

– bei Tag 35 m x 35 m oder 35 m Durchmesser
– bei Nacht 50 m x 50 m oder 50 m Durchmesser.

Für die Einsätze sind folgende Stellen zuständig:

SAR-Leitstelle Glücksburg
Telefon   04631- 6013 oder 04631-666 475/6

SAR-Leitstelle Goch
Telefon   02823-333 3/4

Eine Liste der Notfalladressen mit Therapie-Druckkammern und 24-Stunden-Bereitschaft findet sich am Ende des Buches ab Seite 172.

Auch dieses sollten Taucher bedenken, bevor sie sich auf das Risiko eines Deko-Tauchganges einlassen: Wer in der Nullzeit bleibt, lebt einfach länger! Eine Rettungsweste ist bei jedem Wracktauchgang ein „Muß".

**Wrack-
tauchen**

Womit wir bei den Wracks wären. Erwähnt werden in diesem Buch nur einige der Wracks, die außerhalb der Fahrrinnen liegen und deshalb betaucht werden können. Wegen des starken Schiffsverkehrs rate ich dringend davon ab, Wracks zu betauchen, die innerhalb der Seewege liegen. Gerade ein Ostsee unerfahrener Taucher wird sich wundern, welchen Lärm es allein macht, wenn eine der großen Ostseefähren über einen hinwegdonnert. Da ist leicht Panik angesagt. Ganz zu schweigen von der Gefahr, die von den Schrauben und Bugstrahlrohren ausgehen.

Beachtet man jedoch alle Vorsichtsmaßnahmen, kann man gerade in der Ostsee faszinierende Wracktauchgänge erleben.

Archäologisch gesehen ist die Ostsee wohl die größte Schatzkammer Europas. Bis heute ereigneten sich nach Expertenschätzungen über 10 000 Schiffsuntergänge in diesem Gewässer. Etwa 1200 historische Wracks sind bisher geortet. Jedes hat seine eigene Geschichte. Die Unglücksursachen waren meistens Kriegseinwirkungen, menschliches oder technisches Versagen, Kollisionen, Naturgewalten und Versicherungsbetrug.

Munition wie diese Wasserbomben kann auch noch nach Jahrzehnten für Taucher gefährlich werden. Deshalb: Hände weg!

Kriegs-munition

Ein Wort der Warnung vorweg. Viele der Wracks sind Kriegsschiffe aus dem Zweiten Weltkrieg oder Hilfsschiffe, die Munition und Waffenteile transportierten. Es ist deshalb immer davon auszugehen, daß diese Schiffe noch „unrein" sind. Man muß einfach, auch wenn nichts offensichtlich darauf hinweist, davon ausgehen, daß sich noch Flakmunition, Granaten und Sprengmittel an Bord befinden, die auch nach all den Jahren nichts von ihrer Gefährlichkeit verloren haben. Die Erfahrung des Munitionsräumdienstes des Landes belegt, daß selbst bei sehr verrostetem Zustand die Zünder meist noch intakt sind. Dies gilt besonders für die Säurezünder in der Form von kleinen Glasröhrchen. In den letzten Jahren hat es mehrere Unfälle damit gegeben. Zwei Taucher starben, einer erblindete, ein weiterer überlebte schwer verletzt. In die Wracks hineinzutauchen ist gefährlich und deshalb verboten.

Für alle Taucher sollte deshalb ein Grundsatz oberstes Gebot sein: Man darf sich alles ansehen, man darf aber nichts berühren oder entfernen.

Verletzungs-gefahr

Hinzu kommt eine zweite Gefahrenquelle: Durch die vorstehenden Stahlteile im Inneren eines Wracks besteht eine ständige Verletzungsgefahr; an den Kanten, Ecken und Rohrenden bleibt man zudem leicht hängen.

Getrübte Sicht

Und letztlich auch noch dieses: Nur im Ausnahmefall sinkt das Schiff mit dem Kiel auf den Grund. Meist liegt es auf einer Seite oder es ist „kieloben" untergegangen. Wer in eine enge Schiffskabine hineintaucht, wird sich wundern, was die Blasen seiner Ausatemluft anrichten. Sie platzen an der verrosteten Decke und lösen dabei feinste Rostteilchen ab, die die ohnehin meist schlechte Sicht noch weiter verschlechtern und die Orientierung erschweren. Schon innerhalb von Minuten kann man seine Hand nicht mehr vor Augen sehen. Dann auch noch das vielleicht kleine und schmale Einstiegsloch zu finden wird für den Taucher immer schwerer. Deshalb sollte man immer mit Sicherheitsleine tauchen.

Spezielle Ausrüstung zum Wracktauchen

Alle Wracks sind im Laufe der Jahre zu künstlichen Riffen geworden. Nicht selten wurden sie nur gefunden, weil ein Fischer mit seinem Netz an Masten oder Aufbauten hängenblieb. In einem solchen Fall bleibt ihm dann nicht viel übrig, als die Leinen zu kappen. An den meisten Wracks hängen folglich irgendwelche Netzteile oder Angelhaken und -schnüre. Jeder Wracktaucher sollte deshalb immer ein Messer oder besser sogar eine Schere mitführen. Das kann auch eine Garten- oder Geflügelschere sein. In der Tat lassen sich die rund 6 mm dicken Polyesterleinen der Netze besser mit einer Schere zertrennen als mit einem Messer.

Licht

Bei einem Wracktauchgang gehört die Unterwasserlampe mit zur Ausrüstung. Die Leistung dieser Lampe ist auch eine Frage des Preises, doch zu schwach darf sie nicht sein. 30 Watt braucht man in jedem Fall, wenn man im Inneren der Wracks noch etwas erkennen will.

SOS-Blitz

Sehr empfehlenswert ist ein SOS-Blitz. Unsere Erfahrung hat gezeigt, daß ein solcher Blitz unter dem Boot am Ankerseil die Orientierung bei der Rückkehr doch sehr erleichtert.

Signalmunition

Wenigstens einer in der Gruppe sollte eine orangefarbene, aufblasbare Signalboje in der Tasche haben. Nicht immer findet man genau den Weg zurück zum Boot, und ein Kopf, der eben über die Wellen schaut, ist bereits aus wenigen Metern Entfernung nur noch schlecht auszumachen. Hinzu kommt die vielleicht vorhandene Oberflächenströmung. Eine 2 m hoch aufgeblasene Boje ist im Wasser jedoch über mehrere Hundert Meter zu sehen.

Manche Taucher schwören auch auf eine Abschuß-
vorrichtung für Signalkugeln. Ich selbst halte davon
nur wenig. Zum einen leidet die Munition durch die
Tauchgänge im Laufe der Zeit doch, auch wenn die
Hersteller von dauerhaftem Schutz vor Nässe sprechen – selbst beim Segeln haben wir häufiger Fehl-
zündungen festgestellt. Zum anderen sollte niemand
leichtfertig rote Kugeln abschießen und so unter
Umständen eine Seenotmeldung auslösen. Denn was
dann in Gang gesetzt wird, kann bei Mißbrauch ein
„teurer Spaß" werden. Wenn schon, dann sollte das
Gerät auch über weiße Kugeln verfügen – nur ob
man dann in der Eile auch die richtige Kugel ab-
schießt?

Wracksuche Ein Wrack zu finden ist nicht ganz so leicht. Selbst
wenn man die genauen Koordinaten hat, kann man
ohne Hilfsmittel oft stundenlang erfolglos suchen.
Wir setzen deshalb immer auf unser GPS mit der ein-
programmierten Position und einem „Fischfinder".
Wenn uns der „Fishfinder" die Lage des Wracks an-
zeigt, werfen wir über der Position eine Boje mit Ge-
wicht aus und suchen uns dann in aller Ruhe entsprechend der Strömung einen Ankerplatz. In der
Regel kann ich jedoch nur dazu raten, sich jemanden
zu suchen, der weiß, wo und wie er ein Wrack an-
fahren muß. Sonst ist schnell ein halber Tag dahin
und die Flaschen leer, bis man wirklich fündig geworden ist.

All denen, die sich besonders für die Wracks interessieren, sei das Buch von Stefan Baehr – *Wracktauchen in der Ostsee, Westliche Ostsee und Kleiner
Belt* – empfohlen.

Nachttauch- Nachttauchgänge – oder der Dämmerungstauchgang
gänge in die Nacht – haben in der Ostsee ihren besonderen
Reiz. Denn wie überall erschließt sich dem Taucher
mit zunehmender Dunkelheit eine völlig neue Welt
im engen Schein der Unterwasserlampe. Allerdings

erfordern diese Tauchgänge ein besonderes Maß an Vorbereitung. Das fängt bei der Planung und der Ausrüstung an. Grundsätzlich gilt, daß man niemals in einem unbekannten Gebiet einen Nachttauchgang durchführen sollte. Das heißt, gegebenenfalls sollte man das Tauchgebiet während des Tages erkunden, sich Besonderheiten notieren. Dazu gehören zum Beispiel die Lage von Netzen und Reusen wie auch der Tonnen für die Seewege des Schiffsverkehrs. Je besser man das Revier kennt, desto weniger verliert man später die Orientierung. Dazu gehören aber auch Kenntnisse von Wellen und Strömung, Tiefe und Sicht.

Einstiegs-platz kenn-zeichnen

Egal, ob man von einem Boot oder von Land aus den Tauchgang beginnt, der Einstiegsplatz sollte in jedem Fall gekennzeichnet werden. Zum Beispiel sollte man eine Lampe am Einstiegsplatz im Wasser anbringen. Zusätzlich kann man sich an der Beleuchtung der Tonnen und Leuchtfeuer orientieren, wie diese zum Tauchplatz stehen. Zur Not tut es auch eine Straßenlaterne an der Uferpromenade. Daß das Boot für einen Nachttauchgang entsprechend den Seeregeln aufgerüstet und beleuchtet wird, versteht sich von selbst. Die Einzelheiten muß jeder Bootsführer kennen. All diese Vorarbeiten gehören wie ein ausführliches Briefing (Unterwasserzeichen bei Dunkelheit) zur Vorbereitung eines Nachttauchganges.

Lampen

Zur persönlichen Ausrüstung eines Tauchers gehört nicht nur eine Lampe, sondern auch eine kleinere Reservelampe. Zum Beispiel kann diese eine Kombination aus SOS-Blitz und Taschenlampe sein. Die Lampen sollten immer am Jacket oder am Handgelenk befestigt werden. Zusätzlich sollte man ein sogenanntes Knicklicht dabei haben. Diese Leuchtstäbe gibt es für wenig Geld im Tauchshop, Campingladen oder beim Anglerausrüster. Aktiviert werden diese Lichter durch eine chemische Reaktion im

Besonders bei sehr starken Lampen ist es vorteilhaft, wenn Lampe und Akku getrennt werden können, so daß man nur die leichte Leuchteinheit in der Hand hält.

Inneren der Kunststofföhrchen, die durch Knicken ausgelöst wird. Die Leuchtstäbe können zum Ablesen der eigenen Instrumente oder auch zum Markieren der Taucher selbst benutzt werden. Grundsätzlich sollte jede Unterwasserlampe vor dem Tauchgang mit frischen Batterien oder vollen Akkus versehen sein.

Zweitautomat

Eine wesentliche Rolle bei jedem Nachttauchgang spielt die Luftversorgung im Notfall, denn Wechselatmung bei Dunkelheit ist nicht ganz einfach. Ein Zweitautomat ist deshalb nie verkehrt. Aus Sicherheitsgründen wird nachts nicht so tief getaucht. 15 m sollten das absolute Maximum sein – in der Ostsee eher weniger. In 5 m bis 8 m Tiefe erlebt man ohnehin das meiste. Getaucht wird nur in kleinen Gruppen. Zwei erfahrene Taucher nehmen den Anfänger in ihre Mitte und weichen ihm nicht von der Seite.

Kompaß

Bei größeren Gruppen passiert es eher, daß einer „abhanden" kommt. Jeder Taucher sollte über ausreichend Erfahrung im Umgang mit dem Kompaß verfügen, denn wenn die Bezugspunkte bei Dunkelheit fehlen, bleibt nur noch der Kompaß zur Orientierung. Zu den Besonderheiten der Ostsee gehört, daß Schrott und Armierungen in den Betontrümmern zu Mißweisungen auf dem Kompaß führen können. Auch Lampen aus Metall können dies bewirken. Man sollte das schon während eines Tauchganges am Tage überprüfen. Auf eiserne Spundwände reagieren Kompaßnadeln einfach „verrückt".

Luft- Gilt grundsätzlich, daß man seinen Tauchpartner auf
verbrauch Armeslänge halten sollte, muß dies für die Nacht in der Ostsee erst recht gelten. Denn selbst in wenigen Metern Entfernung wird das Licht der Tauchlampe schon „geschluckt". So klar wie in südlichen Gewässern ist es in der Ostsee nie. Sicherheit geht in jedem Fall vor Leichtsinn. Das heißt auch, rechtzeitig

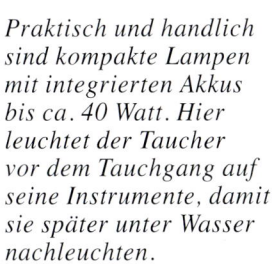

Praktisch und handlich sind kompakte Lampen mit integrierten Akkus bis ca. 40 Watt. Hier leuchtet der Taucher vor dem Tauchgang auf seine Instrumente, damit sie später unter Wasser nachleuchten.

seinem Partner den Luftverbrauch anzeigen. Wir haben es uns zur Regel gemacht, nach dem Verbrauch eines Drittels den Rückweg anzutreten, um während des Rückweges die Sicherheit von Zweidritteln zu haben, ohne daß wir die Reserve angreifen. Das verschafft uns genügend Freiraum, wenn wir die Ankerleine oder den Einstieg nicht gleich wiederfinden.

Der „Schnee-Effekt" Und noch ein Tip zum Schluß: Je dunkler es ist, desto schwächer kann die Lampe sein. Das ist kein Widerspruch, denn das Auge konzentriert sich dann auf das vorhandene Restlicht. Hinzu kommt, daß bei einer sehr starken Lampe die Schwebeteilchen im Wasser das Licht auch verstärkt reflektieren, so daß man wie bei einem Autoscheinwerfer im Schnee eher weniger sieht. Die eleganteste – wenn auch nicht die billigste – Lösung ist eine Lampe mit mehreren Reflektoren, die sich beliebig zusammenschalten lassen. Wir benutzen für unsere Nachttauchgänge häufig Lampen, deren Wattzahl sich von 50 auf 100 und 150 Watt schalten läßt. Wer allerdings meint, er müßte mit 150 Watt auf einen Dorsch losgehen, wird sich wundern. Dies dürfte selbst einem schlafenden Fisch schnell zu viel werden – er wird panikartig das Weite suchen.

Die Freiheit der Taucher Ob Tag- oder Nachttauchgänge, bislang ist das Tauchen in der Ostsee noch wenig durch Verbote belastet. Einschränkungen sind eher die Ausnahme. Jeder Taucher kann durch sein Verhalten dazu beitragen, daß dies auch so bleibt. Wo immer Taucher in Massen auftreten und ihre Spuren hinterlassen, muß man sich über ein Verbot nicht wundern. Busladungen von Tauchern verkraftet keiner der in diesem Buch beschriebenen Tauchplätze.

Über den Autor

Jörg Wilhelmy, Jahrgang 1951, ist gebürtiger Schleswig Holsteiner und kann sich ein Leben fernab vom Wasser der Ostsee nur schwer vorstellen. Deshalb zog es ihn nach einer zehnjährigen Tätigkeit als Auslandskorrespondent in Südafrika auch wieder in seine Heimatstadt Kiel, wo er heute als Rundfunk-Journalist arbeitet.

Obwohl er das Tauchen als Hobby erst relativ spät entdeckte, ist er mittlerweile zu einem überzeugten Ostseetaucher geworden – weil die Ostsee nach seiner Meinung viel mehr zu bieten hat, als auf den ersten Blick erkennbar ist. Der Reiz des Ostseetauchganges liegt für ihn im Detail, das der Taucher suchen muß – sei es ein Wrack, eine Muschelbank oder der im Sand vergrabene Plattfisch. In diesem Band zeigt er, wie abwechslungsreich Schleswig Holstein auch für nichttauchende Familienmitglieder sein kann. Gleichzeitig soll das Buch eine Hilfe für Taucher sein, die richtigen Ansprechpartner auch bei einem kurzen Ostseetrip zu finden – für Unterkunft, als Basis oder Veranstalter von Tauchfahrten.

Notfalladressen

Therapie-Druckkammern mit 24-Stunden-Bereitschaft
Stand: Januar 1996

HBO-Zentrum Arolsen
Große Allee 3
34454   Arolsen
Telefon 05691-89650

DLRG Berlin
Am Pichelsee 20
13595   Berlin
Telefon 030-3623024

HBO Zentrum Berlin
Groninger Str. 25
13347   Berlin
Telefon 030-4551708

HBO-Zentrum Berlin
Kurfürstendamm 45
10719   Berlin
Telefon 030-8836068

Institut für Hyperbare Medizin
Clayallee 229
14195   Berlin
Telefon 030-810041

Städt. Krankenhaus
Friedrichshain
Landsberger Allee 49
10249   Berlin
Telefon 030-42210

Druckkammerzentrum
Heidsicker Str. 114
33739   Bielefeld
Telefon 05206-8363

Zentrum f. hyperbare
Sauerstofftherapie
Neustadtring 30 a
38114   Braunschweig
Telefon 0531-575022

Zentrum für Tauch- und
Überdruckmedizin
Ermlandstraße 55
28777   Bremen
Telefon 0421-6007577

Tauchbetrieb Helgoland
Fischereihafen Süd
An der Packhalle VI
27572 Bremerhaven
Telefon 0471-75488

Wasser und Schiffahrtsamt
Brunsbüttel
Schleuseninsel
25541 Brunsbüttel
Telefon 04852-885325

Medic GmbH
Bergstr. 94
44339 Dortmund
Telefon 0231-9852020
         0172-5208519

Tauchmed-Zentrum
Hoher Wall 9
44187   Dortmund
Telefon 0231-7214437/39

Paulus Privatklinik
Arnoldsweilerstr. 21
52351   Düren
Telefon 02421-208030

St. Josef Hospital
Ahrstraße 100
47139   Duisburg 12
Telefon 0203-8001-0 oder -602

Sauerstoff-Therapiezentrum
Hansa Allee 30
40547   Düsseldorf
Telefon 0211-570583

Waffentauchergruppe
Am Ort 6
24340   Eckernförde
Telefon 04351-81041

Tauchmed. Zentrum
Kruppstr. 92
45145   Essen
Telefon 0201-221025/26

HBO-Zentrum, Promen. Kurhotel
Hauptstr. 118
06507   Friedrichsbrunn
Telefon 039487-372

Tagesklinik Dr. Füssinger
Albertstr. 70
88045   Friedrichshafen
Telefon 07541-26045

Euro-Med Klinik
Europa-Allee 1
90763   Fürth
Telefon 0911-9714-0

Tauchunternehmung Winter GmbH
Oberstr. 27
41416   Grevenbroich
Telefon 02818-74500

Westf. Institut für Sauerstofftherapie
pie
An der Barbara Klinik 4
59073   Hamm-Heesen
Telefon 02381-30113

Druckkammerzentrum Hannover
Lister Krankenhaus
Lister Kirchweg 43
30163   Hannover
Telefon 0511- 96561-0

Biologische Anstalt Helgoland
27498   Helgoland
Telefon 04725-819 235 oder
         04725-819 0

HBO Zentrum Rhein-Main
Reifenberger Straße 6
65719   Hofheim
Telefon 06192-5062 oder -5095

Oxytrans GmbH
Flugplatz
Äußere Bayreuther Str. 125
95032   Hof-Pirk
Telefon 09292-91081

HBO-Zentrum Baden
Descostr. 19
76307   Karlsbad
Telefon 07248-91600

Rotes Kreuz Krankenhaus
Hansteinerstraße 29
34121   Kassel
Telefon 0561-30861

Außenstelle Luftwaffe F1
Steinborner Str. 43
01936   Königsbrück
Telefon 035795-2522-300

Schiffahrtsmedizinisches Institut
der Bundeswehr
Kopperpahler Allee 120
24119   Kronshagen
Telefon 0431-5409-1711 oder
         0431-5409-1715
         0431-5409-0   Zentrale

Memory Kliniken
Burgplatz 2
04109   Leipzig
Telefon 03441-2110863

Uniklinik Mainz
Langenbeckstraße 1
55131   Mainz
Telefon 06131-17 0
         06131-7366

Branddirektion München
Feuerwache 5
Anzinger Straße 41
81671   München
Telefon 089-406655

HBO Institut
Krankenhaus rechts der Isar
Ismaninger Str. 41
81671   München
Telefon 089-4140-2600

HBO-Zentrum München
Innere Wiener Str. 30
81667   München
Telefon 089-4483022

Friedrich Ebert Krankenhaus
Friesenstraße 1
24534   Neumünster
Telefon 04321-405 2040

Bundesmarine Technische
Marineschule
Wieksbergstr. 54
23730   Neustadt
Telefon 04561-6054

HBO-Zentrum Mittelrhein
Südstr. 19
53757   St. Augustin-Mülldorf
Telefon 02241-205348

Druckkammerzentrum DCS 1
Heilbronner Str. 300
70469   Stuttgart
Telefon 0711-851032

HBO-Zentrum Stuttgart
König-Carl-Str. 66
70372   Stuttgart
Telefon 0711-557255

Druckkammerzentrum
Traunstein
Maxplatz 5
83278   Traunstein
Telefon 0861-60079

Praxisgemeinschaft Reusch
Saarstr. 16
54290   Trier
Telefon 0651-74151

WTD 41 Trier
54292   Trier
Telefon 0651-22031

Städtisches Krankenhaus
Überlingen
Härlenweg 1
88662   Überlingen
Telefon 07551-990

Bundeswehrkrankenhaus Ulm
Oberer Eselsberg 40
89081   Ulm
Telefon 0731-1712285/6

Insitut. für Tauchmedizin
Oberer Eselsberg 45
89081   Ulm
Telefon 0731-53333

Marinestützpunktkommando
Wilhelmshaven
26379   Wilhelmshaven
Telefon 04421-30671

Quellenangaben und Literaturhinweise

Bildquellen:
Baehr, Stefan: Titelseite (Hintergrundbild und Tauch-schiff *Rasmus*, Mommark), 26 o. u., 27 o. u., 42, 43, 44, 49, 52, 53, 64, 68 u., 69 o., 72, 73, 75, 77, 80, 81, 82, 83, 104, 115, 133 o. u., 147, 153, 163, 168, 169.
Hübner, Felicitas: 58, 68 o., 76 o., 119 u., 120 u.
Hübner, Peter: 15, 38 o. u., 39, 58, 70, 116, 117, 119 o., 120 o., 121, 125, 127, 128 o. u., 137 u., 138, 140, 158, 161.
Thetmeyer, Helmut: 51, 144, 145, 146, 149.
Thomsen, Stephan: 31, 32, 33.
Weisner, Lars: 55, 65, 69 u., 76 u., 86, 150.
Wilhelmy, Jörg: 16, 18, 20, 22, 24, 40, 45, 50, 54, 62, 66, 71, 74, 78, 84, 87, 91, 94, 95, 97, 99, 105, 109, 110, 112, 126, 132, 135, 136.
Mit freundlicher Genehmigung:
Stadt Kiel, Presseamt: 61, 130, 131.
Stadt Lübeck, Presseamt: 137 o.
Stadt Schleswig, Kulturamt: 122, 123, 124 o. u.
Verband Deutscher Sportfischer: 154.

Literaturhinweise:
Baehr, Stefan: *Wracktauchen in der Ostsee* – Westliche Ostsee und Kleiner Belt, Jahr-Verlag Hamburg, 1995.
Herold, Klaus: *Der Kieler Brandtaucher* – Wilhelm Bauers erstes Tauchboot, Bernard & Graefe Verlag, Bonn 1993.
Jonas, Peter: *Unterwasserführer Ostsee*, Jahr-Verlag, Hamburg, 1996.
Kromp, Thomas und Keusen, Walter: *Tauchen*, Verlag Stefanie Nagelschmid, 1990.
Müßig, Siegfried: *Sporttauchen,* Falken-Verlag, 1983/88.
Schulz, Erhard: *Tauchen und Schnorcheln*, RoRoRo Sport, 1978/90.

Stefan Baehr

WRACKTAUCHEN IN DER OSTSEE

WESTLICHE OSTSEE UND KLEINER BELT

Die interessantesten Wracks der westlichen Ostsee
erstmals genau dokumentiert!
Aus dem Inhalt:
Wracks – eigene Welten und Biotope
– ihre Besonderheiten in Wort und Bild –
historische Daten – Häfen für Tauchfahrten –
Ausrüstung und Sicherheit beim Wracktauchen.
Erfolgreich fotografieren: Sicht, Licht
und Wetter, professionelle Tips und Tricks.

Jahr-Verlag Hamburg GmbH & Co.
Jessenstr. 1, D-22767 Hamburg
Telefon 040 / 38 906 0, Telefax 040 / 38 906 302

ISBN 3-86132-162-9